基于林改的森林资源可持续经营技术研究系列丛书

总主编　宋维明

U0673769

林权制度改革对环境的影响及其经营优化研究

张　颖　著

中国林业出版社

图书在版编目（CIP）数据

林权制度改革对环境的影响及其经营优化研究 / 张颖著 . —北京：中国林业出版社，2014. 12

（基于林改的森林资源可持续经营技术研究系列丛书/宋维明总主编）

ISBN 978-7-5038-7775-9

Ⅰ. 林⋯　Ⅱ. ①张⋯　Ⅲ. ①集体林 – 产权制度改革 – 环境影响 – 研究 – 中国　②集体林 – 产权制度改革 – 经济管理 – 研究 – 中国　Ⅳ. ①F326. 22　②X820. 3

中国版本图书馆 CIP 数据核字（2014）第 290594 号

策划编辑　　徐小英
责任编辑　　徐小英　　于晓文
美术编辑　　赵　芳

出版　中国林业出版社（100009　北京西城区刘海胡同 7 号）
网址　lycb. forestry. gov. cn
E-mail　forestbook@ 163. com　　电话　010-83143515
发行　中国林业出版社
印刷　北京中科印刷有限公司
版次　2014 年 12 月第 1 版
印次　2014 年 12 月第 1 次
开本　787mm×960mm　1/16
印张　11
字数　209 千字
印数　1～1000 册
定价　55.00 元

基于林改的森林资源可持续经营技术研究系列丛书
编撰委员会

总主编　宋维明

主　编　孙玉军　　赵天忠　　张　颖　　徐基良

　　　　胡明形　　程宝栋

编　撰　王新杰　　习　钢　　栾晓峰　　李媛辉　　金　笙

　　　　杨桂红　　陈文汇　　刘俊昌　　蓝海洋　　陈飞翔

　　　　曾　怡　　王海燕　　李　维　　高险俊

《林权制度改革对环境的影响及其经营优化研究》
作者名单

张　颖

总　序

　　被誉为中国农村"第三次土地革命"的最新一轮集体林权制度改革是一场举世瞩目的深刻变革。我国于 2003 年启动了该项工作的试点，在 2008 年开始全面推进，至今已有十余年。如今，我国集体林权制度改革工作已经取得显著进展，对推动农村社会经济发展和提高居民生产生活水平具有重要价值，在建设生态文明和美丽中国中也具有重要作用。

　　十余年栉风沐雨。我国这一轮集体林权制度改革的十余年，也是一个不断探索、不断发展、不断完善的过程。集体林区一直是我国重要的木材资源供应基地之一，也是我国珍稀濒危及特有野生动植物的重要分布范围。林改后，森林资源经营管理方式发生了显著改变，许多新问题也由此而来，特别是如何在坚守生态红线的前提下提高集体林区资源培育、经营与保护效率，在当前也十分具有挑战性。因此，集体林权制度改革的发展给相关的技术革新和政策体系建设提出了新的需求。

　　为此，我们实施了林业公益性行业科研专项项目"基于林改的森林资源可持续经营技术研究"，从森林资源培育—生产经营—保护—服务及相关平台建设角度为集体林权制度改革提供全方位理论及技术支撑，开展了六个方面研究，即基于林改的森林多功能经营技术研究与示范、基于林改的资源供给与规模化经营模式研究、基于林改的野生动植物生境保护技术研究与示范、林权改革后森林资源经营的改变对环境的影响及其优化技术研究、集体林区政策性森林灾害保险制度设计与保费精算技术研究、基于林改的信息服务体系及综合信息服务平台建设。

　　依据这六个研究方面，项目组成员对项目成果进行了精心凝练，并整理形成了本系列丛书，共包括 6 册专著，即《林权制度改革对环境的影响及其经营优化研究》《林权制度改革后南方集体林经营管理模式与机制研究》《基于林改的资源供给与规模化经营模式研究》《基于林改的野生动物保护技术与对策研究》《林改区域典型树种森林碳储量监测技术研究》《面向林改的林业信息服务体系及平台构建》。其中,《林权制度改革对环境的影响及其经营优化研究》探讨了林权制度改革后对森林生态环境的影响以及环境影响评价、优化技术与制度保障体系;《林权制度改革后南方集体林经营管理模式与机制研究》选择南方集体林权制度改革的典型区域,从林农角度对森林资源经营管理的方案编制、经营合作组织、经营管理人力资源和融资等四个方面进行了深入调查分析,对南方集体林区林权制度改革后经营管理的现状和未来发展进行了深入探讨;《基于林改的资源供给与规模化经营模式研究》探讨了我国木材供需预测分析、林权制度改革对我国集体林区木材供给的影响、南方集体林区速生丰产用材林经营模式以及集体林权制度改革后林农合作组织;《基于林改的野生动物保护技术与对策研究》涉及我国野生动物及栖息地保护相关政策评估,林权改革对野生动物种群、行为和栖息地的影响,林改后野生动物栖息地保护与补偿调查,以及林改后我国野生动物栖息地保护技术与政策保障等;《林改区域典型树种森林碳储量监测技术研究》以杉木、马尾松、毛竹和落叶松为研究对象,提出森林碳汇计量的示范性方法体系,利用建立生物量模型以及测定评估参数,全面估算森林生物量,从而掌握典型树种森林生物量和碳储量的空间分布格局,以及随林龄等林分因子变化的动态规律,最终构建一个以地面样地调查为主体、以生物量和遥感模型估算为补充的碳汇功能计量和评价体系;《面向林改的林业信息服务体系及平台构建》从应用的角度对林改后基层林业单位对信息服务的需求进行深入细致的分析和研究,建立了相应的实用型系统并构建了信息服务平台。

　　虽然每册专著各有侧重,保持了各自的内涵、外延与风格,但它们也相互联系,具有理论性、知识性、经验型和政策性的共同特点,旨在全面介绍我国集体林权制度改革工作的发展背景、历程与现状,从森林资源培育、生产经营、生物多样性保护、环境保护、信息服务体系与相关平台建设等方面提出完善我国集体林权制度改革工作的技术与政策体系,为各级政府部门、林业生产经营与保护单位提供决策参考与工作指南，以推动我国集体林权制度改革工作的健康有序发展，并促使其在建设生态文明中发挥更大的作用。

　　本系列丛书的出版，得到林业公益性行业科研专项项目"基于林改的森林资源可持续经营技术研究"（NO. 200904003）的资助。感谢国家林业局有关领导对本项目和本系列丛书的关心、支持与指导！感谢项目组的所有成员！感谢所有关心与支持本项目、本系列丛书的专家、学生和朋友！

　　由于时间与编撰水平限制，这套丛书在理论观点、知识体系、论据资料、引证案例或其他方面可能还有错误、疏漏和不当之处，恳请广大读者批评指正。

2014 年 11 月

前　言

　　集体林权指集体所有制的经济组织或单位对森林、林木和林地所享有的占有、使用、收益、处分的权利。我国林业发展过程中集体林权归属不清、权责不明、利益分配不合理、林农负担过重、经营体制不强、产权流转不规范等问题制约了林业发展和农民增收，解决这些问题的根本措施，就是开展集体林权制度改革，明晰产权、放活经营、规范流转，激发广大林农和各种社会力量投身林业建设的积极性。

　　2003 年，中共中央、国务院做出了《关于加快林业发展的决定》，明确了集体林产权制度改革的方向。2008 年，我国发布了《中共中央国务院关于全面推进集体林权制度改革的意见》，指出林权改革的总目标是：到 2010 年，基本完成以农民家庭承包经营为主体，以明晰林地使用权和林木所有权，放活经营权，落实处置权，确保收益权为主要内容的改革任务。

　　2010～2013 年，本研究主要通过对浙江、福建、山东、辽宁、江西、河南和甘肃等 7 省份的农户调查，采用统计分析的方法对林权制度对环境的影响进行了研究，也对林权制度改革前后林业投入与产出分析、林地小规模、分散化经营的优化技术和林权制度改革的政策等进行了研究。研究表明，林权制度改革对森林生态环境有一定的影响，尤其对生物多样性、水土保持和森林水源涵养的影响最大。另外，农民（林农）对林权改革的态度、家庭年收入水平、教育程度和性别等对环境影响的评价结果也有一定的影响。研究也认为，林权制度改革涉及面广，并涉及国家生态环境安全和农民的长远利益，应该开展生态环境影响的评价和林权制度改革政策效应分析，促进当地社会、经济和环境的协调、稳定、持续发展。

　　研究共 8 章，3 大部分内容。首先研究了林权制度对环境的影响；其次，开展了林权制度改革前后林业投入与产出分析、林地小规模、分散化经营的优化技术研究；最后，对林权制度改革的政策进行了研究。研究认为：随着我国林权改革制度的不断深化，人们生态环境保护的意识日益加强。对森林资源的管理不仅要从产权制度着手，还应对森林生态系统加强管理。但由于各地区的社会、经济和文化发展背景的差异，采取的管理模式也不尽相同。但其目标是一致的，即在森林生态系统管理思想的指导下，寻求森林可持续经营和林业可持续发展的道路。在林权制度改革中，还应搞清楚：①经营管理的尺度；②经营管理的权属；③经营管理的组织。另外，还应强调：①强调生态系统管理的思想和理念；②重视跨部门合作及相关利益团体参与；③制定林权制度改革风险评价、长期监测和反馈机制；④开展适应性管理、探索新的管理模式

　　林权制度改革以来，为了解决森林资源保护和林区经济社会可持续发展之间的矛盾，探索森林可持续经营管理的新模式，国家林业局先后召开了各种会议，并建立了多个试验示范点。由于我国地域辽阔，各地区的社会、经济和文化差异很大，因此，需要在不同的实施地增加更多适应性经营管理区，探索多种多样适合当地社会、经济和文化发展背景的管理模式，实现森林资源保护与经济社会协调发展。在继续深化林权制度改革的过程中，由于改革的复杂性，也引发了一些社会矛盾。因此，不能单纯强调调动农民积极性，要在维护生态系统整体功能的前提下，开展一些适度经营模式的试验和研究，以实现生态保护与社会和谐双赢的目标。

　　由于时间仓促，研究中错误在所难免，衷心希望广大同仁批评指正！

张　颖

2014 年 1 月 18 日

目　录

第**1**章
林权改革相关理论研究及现状

我国的林地所有权有两种形式：国家所有和集体所有。与之对应的森林所有权有三种形式：国家所有、集体所有以及个人所有。为了使集体所有的森林及林地与农户更贴近，中共中央和国务院在福建、江西、辽宁和浙江试点的基础上于2008年6月决定对集体所有制的森林和林地进行综合改革。这一改革的核心内容是在保证林地集体所有权不变的基础上，将林地的经营权和森林的所有权承包给同一集体经济组织中的农户，以家庭承包的形式确立农户作为林地经营权承包方的主导地位。改革中主要包括5项内容：明晰所有权、勘察划界及发放林权证、放活运营权、落实处置权、确保收益权（陈永富等，2003）。

目前，我国集体林权制度改革的主体改革部分已经基本完成。改革之后，林农获得了自己的生产资料，更积极地进行林地开发和投资，逐步走向资源增长、农民增收和生态良好的现代林业发展之路。根据国家林业局集体林权制度改革督导小组的调研报告，林权改革后林农依托属于自己的林业生产资料和森林资源，开展林下种植、养殖和森林旅游等多种经营形式，使林业逐渐成为农民增收致富的重要途径。

1.1 林权概念及界定

林权即森林资源产权，是指森林、林木和林地的所有权、使用权、收益权和处置权。根据我国有关法律规定，我国森林、林木和林地的所有权有三种形式：即国家所有权、集体所有权和个人所有的林木。集体所有的林权，包括根据《土地改革法》分配给农民个人所有经过农业合作化转化为集体所有的森林、林木和林地，以及在集体所有的土地上由农村集体经济组织种植、培育的林木。

林权的主体是指谁是森林、林木、林地的所有者。客体是所指向的具体物，包括森林、林木和林地。林权的内容包括：①所有权；②使用权；③收益权；④处置权。

另外，林权的另一定义为：林权是以森林资源所有权为基础，以对特定的森林资源的使用、收益为目的的他物权（温世扬，2008）。

1.1.1　森　林

我国《森林法》第4条规定，森林分为防护林、用材林、经济林、薪炭林和特种用途林五类；《森林法实施条例》第2条第2款规定："森林，包括乔木林和竹林。"《印度尼西亚林业基本法》第1条第1款规定"森林是指任何林木所覆盖的成片土地，并与其环境构成整个有生命的天然群落，经政府确定为'森林'者"。《联邦德国林业法》第2条规定"本法将森林定义为每块有林业植物的地产。业经间伐的或透光的地产、林道、森林区划带和保险带，林中空地和疏林，森林草地、野生动物饲料地，森林林场以及其它和森林有关的为森林服务的面积均为森林"。我国台湾《森林法》规定，"森林系指林地及其群生竹木之总和"。这些定义的共同点是：森林不仅仅由林木组成，而是由土地、植物、动物组成的整体。因此"森林"应当理解为特定范围内林地与乔木林、竹林的总和。

1.1.2　林　木

林木应是生长在林地上的树木和竹子，即指活立木，不包括树木或者竹子采伐后的剩余物。我国《森林法实施条例》第2条第3款规定："林木，包括树木和竹子。"

1.1.3　林　地

林地即用于经营林业的用地，它是森林的基础和载体。我国《森林法实施条例》第2条第4款规定："林地包括郁闭度0.2以上的乔木林地以及竹林地，灌木林地、疏林地、采伐迹地、火烧迹地、未成林造林地、苗圃地和县级以上人民政府规划的宜林地。"在我国《土地管理法》中，林地是指在土地利用规划中，编为林业用地的农用土地。

因此，从林权概念的界定可以看出：第一，林木、林地、森林，都有其特定的内涵和外延，在法律上，都可以成为独立的权利客体。但是，它们之间又是相互依存、互为条件的——林木是森林的主体，林地是林木生存的基础，林木又展现了林地的价值。因此，三者可以成为同一的整体而成为法律调整的对象。第二，野生动物、植物和微生物虽然是其他特别法律调整的对象，但当它们与特定的森林、林木、林地结合并共同形成森林生态环境时，也当属森林资源的范畴。第三，在我国的现行法律中，森林资源在外延上涵盖了森林、林木、林地，是三者的上位概念。由于作为陆地生态系统的主体，森林资源对于气候变化、水源涵养以及动植物生长等具有巨大的影响，对改善生态环境，维护生态平衡起着决定性的作用。为了确保实现森林生态系统在生命支持系统中的整体作用，有必要将森林资源作为独立的自然形态和法律关系客体，对包括森林、林木和林地以及依托森林、林木、林地生存的野生动物、植物和微生物在内的森林资源实行一体化和全面的权利设计和制度安排。因此，林权概念中的"林"，当指"森林资源"。

在此，还要弄清楚经济学上的森林资源与法律上的森林资源的区别。经济学意义上的森林资源是作为生产资料和生活资料的来源的自然要素之一。法律意义上的森林资源，是指特定范围的森林整体和森林中的林地、林木，是人力可以控制、支配的特定的自然资源的组成部分。我国《森林法实施条例》第 2 条 1 款明确规定："森林资源，包括森林、林木、林地以及依托森林、林木、林地生存的野生动物、植物和微生物。"

我国集体林权制度改革涉及集体林所有权、使用权、收益权和处置权的落实，与从事林业生产的村民利益息息相关，如何搞好集体林权改革，是建设社会主义新农村的一个重要课题。近几年，国家开始在部分省实施农村集体林权"试点"改革，取得了一定的成效，但改革也存在不少忧患。本研究通过对集体林权制度改革过程中存在的一些问题进行分析，并在此基础上提出一些建议。

1.2　林权的特点及法律属性

产权是最重要的经济权益，它是构成各种经济利益关系的基础，是规范各种经济活动的重要依据，相应地，有效的产权制度是各种经济制度的基础和核心。林权制度是林业生产关系的核心，是各项林业政策的基石。

1.2.1　林权的特点

林权作为具体的一种产权形态，它是森林、林木和林地的所有权、使用权、收益权和处分权的集合（温世扬，2008）。森林资源特殊的自然属性和社会经济属性，决定了林权的特殊性。林权鲜明的特点为：

（1）林权的外部性。这是林权区别于其他行业产权最重要的经济特征。森林资源的大量存在对周围居民和环境具有不可替代的作用，林权主体的部分权益被他人所分享，产生了巨大的外部性，同时由于种种原因无法得到合理的补偿，产权排他性难以完全实现。

（2）林权交易和分离的复杂性。林权的客体，包括林地资源、林木资源和森林资源，这三者之间是彼此关联的、互为存在的条件，并且相互作用。林权交易更多的是中介性产权，如经营权、支配处置权以及相应的部分收益权的交易。因此，林权的交易极为复杂，难以进行有效的产权分割或分离。

（3）产权保障的薄弱性。我国林权的初始界定基本是清晰的，但由于缺乏相应的政策、法律和配套措施来保障林权主体的实际产权收益，使得产权界定和产权结构在频繁的变迁中日益模糊，致使产权主体在制度变迁过程中采取了短期的行为博弈。

总之，林权的特点具有复杂性和多元性，这就使得林权制度安排更具复杂性。

1.2.2　林权的法律属性

《中华人民共和国民法通则》第71条之规定，"财产所有权是指所有人依法对自己的财产占有、使用、收益、处分的权利"。即完整的产权权束由占有权、使用权、收益权、处分权四种权利构成。

林改前，集体林所有权是我的林业产权的主要内容。集体林所有权是指隶属集体所有制的经济单位依法对自已所拥有的森林、林木、林地享有占有、使用、收益和处分的权利。按照《中华人民共和国宪法》《中华人民共和国民法通则》《中华人民共和国土地管理法》《中华人民共和国森林法》的规定，集体林所有权权束可分解为（毕秀水，2005）：

（1）使用权。是指集体林所有者或非所有者对森林、林木、林地进行有效利用以获取经济上的利益的权利。我国的森林、林木、林地的使用权形式已实现多样化，包括：①集体的林地，由国有林业单位使用，该国有单位无所有权，但依法拥有使用权；②公民依法使用集体所有的林地，如采取承包、租赁、转让等形式依法获得林地的使用权，而不拥有所有权；③法人或其它经济组织依法使用集体所有的林地，如采取承包、租赁、转让等形式依法获得林地的使用权，而不拥有所有权。

（2）收益权。它是指集体林所有者依法获取森林、林木、林地所产生的某些利益的权利。国家保护承包造林集体的合法权益，任何单位和个人不得侵犯承包造林的集体依法享有的林木所有权和其他合法权益。利益来源包括：①集体所有制单位营造的林木；②集体承包国家所有和集体所有的宜林荒山荒地造林的，承包后种植的林木归承包的集体所有的。

（3）处分权。是指集体林所有者对其森林、林木依法进行处置的权利。我国集体林权属中的处置权，具有不完全性。根据《中华人民共和国森林法》的规定，采伐林木必须申请采伐许可证，按许可证的规定进行采伐，也就是说，我国集体林的所有者限制性地拥有处分权。

因此，根据我国相关法律，林业产权中的占有、使用、收益、处分的4种权利，主要包括使用权、收益权、处分权3种。

1.3 林权的经济学界定及现代产权理论

1.3.1 林权的经济学界定

经济学意义上的产权强调权利的经济价值属性，它不是指人与物的关系，而是指由于物的存在以及关于他们的使用而引起的人们之间相互认可的行为关系。制度经济学中产权概念的范围更为宽泛，它比法律意义上的产权概念更宽（埃格特森，1996），包括了各种社会准则。在我国，按照《中华人民共和国宪法》规定，森林资源归国家所有。因此，在经济学上林权可细化为三种权利。第一是林地和林木的使用者权利，即规定某个主体对资产或者资源的潜在使用是合法的，包括改变甚至销毁资产或者资源的权利。第二是从林地和林木资源经营和管理中获取收入以及与其他主体订立转让、流转等契约权利。第三是永久转让林地和林木资源的权利，即让渡或出卖林地和林木资源的全部或者一部分，如出让林木使用权或者林地使用权等。林地产权需要具有排他性，排他性的实施需要森林产权所有人或者使用者以及国家采用一定的资源和资产去实施。

1.3.2 现代产权理论

现实经济中，市场经济往往存在"外部性问题"，市场机制本身存在着缺陷。现代产权理论认为外部性的产生是由于私人成本与社会成本的不相等，即社会成本大于私人成本，从而导致了社会福利的损失或低效。因此在市场的运行过程中，产权界定和合理配置占有重要地位。

按照《新帕尔格雷夫经济学大辞典》的定义，"产权是一种通过社会强制实现的对某种经济物品的多种用途进行选择的权利。"阿尔奇安（Alchian，1969）把产权定义为人们在资源稀缺的条件下使用资源的权利，或者说是人们使用资源的适当规则。德姆塞茨（Demsetz，1989）认为"产权是一种社会工具。它之所以有意义，就在于它使人们在与别人的交换中形成了合理的预期。产权的一个主要功能是为实现外部效应更大程度的内部化提供动力。"可见产权是用来界定人们在经济活动中如何受益、如何受损以及他们之间如何进行补偿的相关规则，是收益权和控制权相结合的有机体。为了说明产权的重要性，现代产权理论引入了"交易费用（Transaction Cost）"这一概念。

科斯最早提出了交易费用的概念，但是却没有指出交易费用的原因和性质。威廉姆森进一步发展了科斯的交易费用理论。威廉姆森指出"交易费用的发生、影响和扩展已在新制度经济学中先声夺人。组织经济活动而不计交易费用显然是不合理的，因为一种组织形式较之另一种组织形式的任何优势都会因不计成本的缔约活动而消失殆尽。交易费用已成为经济学研究中心议题的现实性与日俱增"。交易费用是比较经济制度谁优谁劣的决定性因素。任何一种体制、组织制度在其运行过程中都要产生交易费用，交易费用的高低是衡量各种体制优劣的尺度。著名的科斯定理认为只要交易费用为零，同时允许自由交易，产权的初始安排对效率没有影响。因为交易费用的存在是现实经济生活的常态，因此科斯定理的实质是要说明交易费用的存在使产权的界定十分重要。现代产权理论的核心就是要研究如何通过界定、变更和安排所有权来降低或者消除市场运行中的交易费用，以改善资源配置的效率。赫希赖（1984）指出："科斯定理强烈地建议：不论以何种方式分配产权，产权明确化可以是一个重要的手段来促进效率的提高。"

现代产权理论认为能够有效实现外部性内在化的产权制度安排是有效率的产权形式。私有产权就是将资源的支配、使用与转让以及收入的享用权界定给一个特定的人，他可以不受任何约束、采取任何一种他认为合适的方式来支配、使用或者转让这些资源。而公有产权则意味着任何成员都有权分享这些权利，这样就消除了产权的排他性和可让渡性。产权共同拥有难以排除利益的"搭便车"现象和共同体内成本和收益的不对称性。在产权的共同体内，所有者众多、利益多元，要达成一个最优行动的谈判成本很高，公有产权导致了很大的外部性，因而是无效率的产权形式。

现代产权理论也存在一定的局限性。尤其是在公有产权形式下，控制权和收益权处于分离状态，公有产权下的个体都想分得公有产权的收益而不愿意多付出努力，因此在激励方面存在很大的外部性。而在私有产权下，收益和成本都是由所有者承担的，这种收益和成本的对称性消除了公有产权之下的外部性，保证了激励机制的有效性。

按照标准产权理论的逻辑，只有私有产权才是边界清晰、最有效率的产权形式。因为私有产权形式下收益权和控制权的有机结合能够产生有效的激励机制。

另外，根据现代产权理论，私有产权是经济体长期增长的终极原因，并且按科斯的产权逻辑，经济外部性可通过产权交易实现内部化。但自然资源与环境的绝大部分是一种公有的且代际共有的公共物品，很难做到边界清晰，并且对于它的完整性，后代人也是有权拥有的。因此，即使按科斯产权交易逻辑来使外部性内部化能在一定程度上达到帕雷托效果，但若考虑到后代人的权利，这种产权安排也未必是可取的。自然资源与环境代际产权的分配特性与科斯定理相矛盾。总之，科斯产权逻辑指向是外部性的交易"内部化"，而不是外部性的实质消除，对于自然资源（可再生）与环境的再生产来讲是具有很大损害的。可见，为使资源环境再生产能与经济系统相协调，科斯定理的产权方案的救济能力是十分有限的。

1.4　国内外研究现状

近年来，集体林权制度改革已初见成效，产权得到进一步明晰，林农逐渐成为林业经营建设的主力大军。截至 2011 年年底，已确权的集体林地面积共计 1.78 亿 hm²，占集体林地面积的 97.8%。已经发放林权证 1 亿本，发证户数为 8784 万户，涉及全国 5 亿多农民，发证面积达 1.58 亿 hm²，占纳入林改总面积的 86.65%（人民网，2012）。

1.4.1　国外研究综述

近年来，国外对林权改革的相关研究主要集中在以下几点：

1.4.1.1　经营规模的研究

林业属于大农业的范畴，关于经营规模的研究，主要侧重农业土地经营规模。例如著名的适度比例学说，它由英国古典农业经济学家杨格提出。杨格认为农场内部的各类生产经营方式之间和各个部门之间需要维持合适的比例，以求获得最佳收益。随后，德国的研究者们在此基础上，综合考虑当时德国的国情，推出了集约度学说。而日本的研究学者则重点关注选取衡量经营规模大小的各类指标上，采用边际分析方法和生产函数模型对农业土地经营模型进行重点研究（周明，2009）。国外一些学者认为小规模的家庭农场比大规模的农场经营更具优越性，农场经营规模并非越大越好。Schultz T. W. 研究认为，当家庭农场的经营规模达到须要雇用农业工人来完成农业生产时，规模效益会出现降低的现象，即规模报酬递减规律开始显现（Schultz T. W.，1968）。Berry R. A. 和 Cline W. R. 通过对印度、巴西、菲律宾、马来西亚等多个国家的农业调查研究发现，农场经营规模越大其单位面积的产量越小，这说明农场经营规模与土地单位面积产量呈负相关关系（Berry R. A.，Cline W. R.，1979）。

在林地经营规模方面，发达国家的小农林业发展历史悠久，小规模的经营管理模式也已积累了丰富经验，同时相关的政策、法律制度也比较健全。德国的私有林主要以农林混合经营为特点，村镇与森林临近。为了防止林权过于分散，德国的《森林法》对组织林业合作社做了具体规定，期望以此扩大森林经营规模，从而增强林农家庭企业的竞争力（褚利明，刘璨，2010）。瑞典的森林主要以私有制为主，根据瑞典最新的统计数据显示，在全国森林面积中，私有林为 110 万 hm²，占森林总面积的 50%（瑞典森林工业联合会网站，2011）。同时，瑞典森林中私有林的所有权非常分散，小规模经营在生产上存在许多问题，例如很难实现林区排水沟渠和道路的合理规划，以及很难提高大型林业机械的使用效率等等。为了解决这些问题，一些私有林主逐渐自发发展了合作经营。Bromly 从产权角度入手，认为私有林的效率较高，但由于林业投资周期长、风险大，可能会造成私人投资效率低下（Bromly，1995）。Laura Bouriaud 和 Franz Schmithüsen 在研究欧洲中东部转型国家如保加利亚和阿尔巴尼亚时指出，这些国家也经历了林地从集中经营到分散经营的改革过程，其中林地分散经营也存在许多问题，同时各国也制定了相关政策促进森林可持续经营，并积累了经验教训（Laura Bouriaud，Franz Schmithüsen，2005）。Maria Nijnik，Albert Nijnik 和 Livia Bizikova 等人对匈牙利、波兰、捷克共和国、罗马尼亚、乌克兰和斯洛伐克等国家进行考察，发现其中约 35% 的林业户主所拥有的林地面积均小于 5hm²。由于过小的林地经营规模导致了相对较高的林业管理成本，大多数林业户主偏向让政府管理其森林（Maria Nijnik et al.，2009）。

1.4.1.2　农户行为影响的研究

有关农户的投资行为的研究，1964 年，Schultz T. W. 系统剖析了发展中国家的农户对农业缺乏投资的原由，即在传统农业中，加大对生产要素的投资所带来的收益率非常低，政府对投资和储蓄的经济刺激不够，因而导致农户不愿意增加投资。1966 年，Bela Mukhoti 从农地经营规模和农业生产效率二者的关系入手来探究农户对农业资金投入缺乏的原因，他认为正是由于农业经济的特点，使得经营规模偏大的农场主可以获得更多有利的投资机会，同时贸易的存在可能放大了农业投资的稀缺性。经营规模较大的农场主在贸易投资方面占据垄断地位，可以获得垄断利益，从而导致了其对农业投资不足。1994 年，Reardon Thomas，Crawford Eric 和 Kelly Valarie 从资本市场的角度研究非洲农户农业投资和非农收入之间的关系。结果发现，有时非农收入的增加会减少农户的农业投资，而有时非农收入也会被农户用于农业投资。1995 年，Jacoby 等人研究发现土地产权的稳定性与农户的投资行为联系紧密，即土地的产权越稳定农户越发愿意加大对土地的资金投入和对土壤的改良。1996 年，Upton Martio 作为英国著名的农业经济学家，他认为投资是存在风险的，只有当农业投资收益率比时间偏好率大时，农户才会希望进行投资。此外，农户投资所面临的风险主要来自三个方面，分别为信息的不完全和不对称、环境的不确定性和市场的不确定性（黄安胜，2008）。Avner Ahituv 和 Ayal Kimhi 研究了农户的农业资本投资和非农劳动投入两个决策行为，对影响农户决策行为的外部因素进行分析。研究指出，当农户收到大量信贷补贴时，对农业资本的投资会大幅增加，但这却阻碍了农户使用农业用工的积极性（Avner Ahituv，Ayal Kimhi，2002）。

有关农户经济行为模型的研究，Vance 和 Geoghegan 利用农户经济空间模型对墨西哥南部的农户进行调查研究，分析其森林采伐习惯和特征，找出影响农户毁林行为的因素。研究结果显示，随着时间的推移，农户的森林砍伐率逐渐降低，表明农户的森林砍伐进程对时间具有非线性的依赖性（Vance，Geoghegan，2002）。Kaushik Basu 建立了集体权力分配模型，模型中农户的性别不同，分配到的权力也有所不同。结果发现，农户的决策行为主要受自身收入和权力的不平等程度影响，此集体模型将与农户相关的各个变量进行分解，用之来分析家庭成员和农户决策行为之间的关系（Kaushik Basu，2006）。Avner Ahituv 和 Ayal Kimhi 构建了劳动力就业多项式选择模型和农业规模内源性切换模型对以色列农户行为进行分析。研究显示，农户的农业经营规模成专业化、扩大化的趋势，还有一些农户的农业经营规模成缩小的趋势，同时农户能够积极选择非农职业（Avner Ahituv，Ayal Kimhi，2006）。

1.4.2　国内研究现状

1.4.2.1　经营规模理论的研究

国内有关经营规模的研究多集中在农业土地经营规模方面。罗必良归纳了影响经济组织规模效率的主要因素，并以此为基础对农地经营规模进行理论和实证分析，结果显示本质上农业产业并不具有显著的规模效率，从而证明了农地家庭经营模式的有效性（罗必良，2000）。然而国内许多学者认为虽然小规模、分散的土地经营有利于解决温饱问题，但从长远来看，土地的规模经营是农业发展的必然趋势。林善浪根据江西省和福建省的农户问卷调查情况，研究了农户土地规模经营的意愿、行为特征，他指出为了提高农业经营利益，部分村子已经趋向发展土地规模经营（林善浪，2005）。陈秧分等人运用 Logistic 模型来研究农户农地规模经营的意愿和其影响因素，结果表明区域内农户期待农地规模经营的意愿强烈（陈秧分等，2009）。一些学者认为土地经营要掌握其中的度，进行适度规模经营，并不是规模越大效益就越高，同时还提出了我国农地规模经营可以选择的路径（郑少锋，1998；黄延廷，2011；张元霞，2012）。

同样，国内学者也对林地经营规模进行了讨论，多数人认为分户经营模式和林地细碎化不利于林业的投入与产出（李智勇等，2001；伍士林等，2006；曾华锋等，2009）。孔凡斌认为由于林地经营固有的特点决定了其不能够简单地照搬农地家庭经营模式，因而对于多数林农来说，林业分散经营可能并不是解决林农增收的最佳路径（孔凡斌，2008）。孔凡斌、廖文梅以江西省 8 县的调查数据为依据，分析林地细碎化程度与农户林业经营之间的关系，计量模型结果表明，林地细碎化程度对农户林地产出和林业投入均呈负向变化趋势（孔凡斌，廖文梅，

2012）。然而，也有学者持不同意见，如高立英结合经济背景分析了林地分散经营的必要性，认为从现阶段中国经济的发展水平来看，林地分散经营具有合理性，而规模经营的观点值得商榷（高立英，2007）。

有关适度经营规模方面的研究，张海亮、吴楚材给出了农户耕地适度经营规模需要满足的关系式：$E/(P-I) \leqslant S \leqslant A/L_0(1-L)$，其中，$E$ 为当地农户户均年收入；P 和 I 分别代表单位面积耕地的产出和投入；S 代表耕地适度经营规模；A 为当地耕地总面积；L 代表农业劳动力向非农产业转移的比率；L_0 为当地具有熟练生产技术的劳动力数量（张海亮，吴楚材，1998）。郑煜、孔香敏将线性规划法和投入产出法相结合，构建了针对林业企业的综合模型，应用此模型对林业企业生产经营规模进行优化设计，并提出了解决林业企业限量采伐和经济发展之间矛盾的途径和方法（郑煜，孔香敏，2000）。张侠等人研究了影响我国土地适度规模经营的因素，并且根据我国 30 个省级行政单位的具体情况，通过划分指明其各自的发展方向，给出了计算各地区适度规模的具体方法（张侠等，2002）。胡瑞卿和张岳恒通过设置假设条件，经过理论分析和实证研究，估算了农户在不同经营目标下的耕地经营最优规模（胡瑞卿，张岳恒，2007）。黄安胜等人从协调成本的角度出发，研究了林业股份制经营模式下的林地适度经营规模，通过建立包括协调成本在内的生产函数来探究经营规模和与协调成本弹性之间的关系（黄安胜等，2008）。杨钢桥等对农户耕地适度规模经营及其绩效进行了理论和实证研究，结果显示农户以追求利润最大化为前提，耕地经营存在一个适度的经营规模，并且此规模受到农产品的市场价格和农业生产技术等因素影响，不同地区存在差异性（杨钢桥等，2011）。

1.4.2.2　农户林地经营与经营规模的研究

集体林权制度改革后，对农户林业生产投入行为方面的研究引起了学者们的广泛关注。朱臻、沈月琴和林建华在研究南方集体林区产权制度改革的影响因素时，从微观层面对农户林业生产经营行为进行了因子分析，归纳出三类因子，分别为农户林业生产因素、农户自身素质因素和农户林地经营意愿因素（朱臻等，2008）。黄安胜等人通过对福建省 23 个县级区域的 415 户林农的问卷调查，分别对用材林、经济林和竹林资金投入量和其影响因素进行多元线性回归分析，同时求出各因素的具体影响程度（黄安胜等，2008）。陈珂等人通过对参加辽宁省林权改革的农户进行调查，从林业资金需求、来源渠道和未来资金投资方向三个层面分析林改后农户的资金使用情况，并提出可以采取林权抵押贷款等一系列有针对性的专项补贴措施解决农户林业资金的可持续需求问题（陈珂等，2008）。张俊清和吕杰从"理性经济人"的假设出发，采用 Logistic 回归方法研究辽宁省集体林权制度改革背景下林农对用材林的投入行为，并对各影响因素逐一解析，提出扩大经营规模、加大政府对林业的支持，并引导林农对用材林自主投入的建议（张俊清，吕杰，2008）。罗金、张广胜研究了集体林权制度改革之后辽宁省农户林地生产经营情况，并构建多元线性回归模型分析影响农户投资行为的因素，同时指出林地面积、户主受教育程度、家庭人均纯收入等因素对农户的投资行为影响显著（罗金，张广胜，2009）。詹黎锋等人在分析福建南平、三明和龙岩三个地区对林农调查问卷的基础上，探讨并运用 Logistic 回归模型筛选影响农户造林投资行为的因素，最终得到如户主受教育程度、林业收入、劳动力等11个影响农户造林投资行为的因素（詹黎锋等，2010）。

在研究集体林权制度改革对农户产生的影响方面，王新清等人在对福建省集体林权制度改革的效应及其深化的研究中，发现林改促进了林业生产投入的可持续发展，提高了林农的收入水平，充分吸纳了农村劳动力。同时提出林改取得的成效是初步的，只有进行配套改革才能使改革的成效长期巩固下去（王新清等，2006）。张蕾、文彩云根据福建省、江西省、辽宁省和云南省集体林权制度改革的调查资料，采用计量模型分析林改前后农户林业收入、林地面积、林地构成、外出打工人数和林地流转规模等方面的变化，得出林权改革对农户的生产生活带来了巨大变化的结论（张蕾，文彩云，2008）。徐晋涛等人对福建省、江西省和浙江省等8个省份进行集体林权制度改革的成效和规模调查，指出林改后8个省份的农户家庭收入都有显著提高，并且从事林业生产的人数也在不断增加（徐晋涛等，2008）。王良桂等人采用参与式社会调查法对贵州省瓮安县集体林权制度改革的绩效进行分析，研究认为林权改革对农民增收有一定影响，但短期内不明显，需要在规模经营、生态补偿和流转规则等方面做进一步研究（王良桂等，2010）。

1.4.2.3　农户意愿影响与经营规模的研究

李娅等人选取江西省的永丰村、上芫村和龙归村作为样本村，运用参与式农村社会调查的方法，对当地林权制度改革的效果和农户意愿进行调查。研究显示当地林权改革符合农户意愿，对提高农户参与林业生产的积极性和农户增收效果显著（李娅等，2007）。段绍光等人以河南省漯河市为例，研究了当地农户对林权改革的参与意愿，通过建立 Logistic 回归模型发现农户参与林权改革的意愿受到内、外部因素的综合影响，主要包括户主特征、家庭经营特征、林地特征、制度改革特征等，同时提出了后期配套改革的建议，以期完善林地产权制度体系（段绍光等，2010）。陈幸良等人对福建省邵武市集体林权制度改革的成效，以及林农对林改政策的意愿进行了分析，建立了包括经济、社会和生态方面指标的模型对林改进行综合评价。研究结果表明，林农对林地的依赖性仍然很高；虽然存在多种经营模式，但个人家庭经营模式仍旧是农户首选的经营模；此外，林改后林农的林业收入有所增加，但相关配套政策措施还需要进一步完善(陈幸良等，2010)。李华等人通过对江西省的 6 个县进行抽样调查，研究当地农户参与林业合作组织的意愿，并用 Probit 模型解析了影响农户意愿的影响因素，结果表明户主年龄、是否富裕户、是否了解林业组织、家庭劳动力中从事林业的人数是影响农户参与林业合作组织意愿的重要因素(李华等，2010)。朱再昱等人通过实地问卷调查，运用 Logit 模型分析数据，研究林权改革后农户对林地转出的意愿，分析结果表明农户的经营目标和生活方式的选择对其林地转出意愿影响最大(朱再昱等，2011)。支玲等人采用 Logistic 回归分析的方法，以武隆县、玉龙县和会理县为例分析林改后影响农户对集体公益林投入意愿的因素，研究结果表明家庭总收入、户主文化程度、家庭林业收入等因素对农户投入意愿影响显著(支玲等，2012)。李海权等人建立 Probit 分析模型对福建省邵武市集体林权制度改革后农户森林经营的意愿进行研究，结果显示户主受教育程度和是否为村干部等因素对农户森林经营意愿、经营规模影响显著(李海权等，2012)。

此外，在有关生态补偿方面的研究中许多涉及对农户意愿的研究。例如蔡银莺和张安录选取武汉市作为研究区域，采用意愿调查的方法模拟了当地农田生态补偿政策和交易市场，从而测算出农户对农田生态补偿的意愿和额度(蔡银莺，张安录，2011)。韩鹏等人从农户意愿的角度出发，研究鄱阳湖区域的生态补偿模式，构建了关于农户受偿意愿和单位耕地产值之间的 Logistic 回归模型，提出了三种生态补偿模式，其中生产结构调整补偿模式优势明显(韩鹏等，2012)。

总之，从上述相关研究可以看出：国外对于林地经营规模的研究较少，主要侧重研究农业经营规模、林业经营模式和农户行为等内容，并且国外这些理论研究起步早，体系完善，对我国经营模式和经营理念的发展提供了借鉴意义。这些学术成果也为本研究奠定了良好基础。

1.5　我国林权改革的历史沿革

我国林地产权制度先后经历了 5 次重大变革(黄新华，2003)。

第一阶段为土地改革阶段(1949~1953)。这一时期的制度目标是，把封建所有制的土地制度改革为农民私有制的土地制度。各地政府依靠政权的力量通过没收、征收地主、富农、祠堂、教堂等封建土地，分配给无地、少地农民。分配土地时，往往按土地数量、土地质量及其位置，用抽补调整方式按人口统一分配，也就是按照"均田"思想，按人平均分配土地。这时，林地资源的产权安排的特点是：农民既是林地的所有者，又是使用者，农民具有收益权的独享权和完整的处分权。完整的处分权就是土地产权可以流动，允许土地买卖、出租等交换活动。后期，以互助组为主要形式的互助合作组织迅速兴起，一定程度上弥补了小农经济的不足。

第二阶段为初级合作社阶段（1953～1956）。大办农业合作社，农民将林地和林木折价入社，经营归合作社，所有权归林农，所有权和经营权分离，开始了规模经营，合作造林，谁造谁有，伙造共有。初级合作社时期的林地资源产权安排如下：个人拥有林地所有权，合作社拥有林地的使用权，收益权在林地所有者和合作社之间分配，所有者获得土地分红，但这种分红必须在作出公积金、公益金扣除后兑现，处分权也受到了很大制约，所有者不能再按照自己的意志来处分土地了，社员不能出租或出卖土地，但农户有退社的自由。

第三阶段为高级合作社和人民公社阶段（1956～1981）。在高级合作社期间，除社员原有的坟地和宅基地不必入社外，社员私有的土地及地上附属的私有的塘、井等水利设施，都无代价地转归合作社集体所有。土地由集体统一经营使用，全体社员参加集体统一劳动，取消土地分红，按劳动的数量和质量进行分配。高级合作社时期，南方集体林地产权实现了由农民私有向合作社集体所有的转变。在人民公社期间，全国各地迅速开始了小社并大社的工作，原属于各农业生产合作社的土地和社员的自留地、坟地、宅基地等一切土地，连同耕畜、农具等生产资料以及一切公共财产、公积金、公益金，都无偿地收归公社所有。公社对土地进行统一规划、统一生产、统一管理，分配上实行平均主义。林地制度的性质在人民公社化的过程中并没有根本的改变，林地仍然属于集体所有，由集体统一经营。1962 年后，农村土地所有制为"三级所有，队为基础"，生产队范围内的土地，都归生产队所有。生产队所有的土地，包括社员的自留地、宅基地等，一律不准出租和买卖。

第四阶段为林业"三定"阶段（1981～20 世纪 90 年代初）。1981 年中央布置了全国开展林业"三定"工作，即稳定林权，划定自留山和确定林业生产责任制。这一时期的集体林地产权制度的改革是参照农业的家庭联产承包责任制。家庭联产承包责任制是一个典型的诱致性制度创新。林业"三定"根据群众需要划给自留山，由社员植树种草，长期使用，社员在房前屋后、自留山和生产队指定的其他地方种植的树木，永远归社员个人所有，允许继承。并落实林业生产责任制。社队集体林业应当推广专业承包、联产计酬责任制，可以包到组、包到户、包到劳力，联系营林造林成果，实行合理计酬、超产奖励或收益比例分成。

第五阶段为改革阶段（20 世纪 90 年代初至改革阶段）。其中又分为三个阶段：1992～1998 年为林业股份合作制和荒山使用权拍卖试点时期，林业股份合作制是按"分股不分山、分利不分林"的原则，对责任山实行折股联营。1998～2003 年，林业产权制度改革突破时期，林地承包期可延长到 70 年，并允许使用权和经营权转让。对宜林荒山、荒沟、荒沙、荒丘(简称"四荒")等荒地的拍卖工作也在全国展开，允许这些土地的用益权自由转让。2003年至今，将林业产权制度改革纳入到整个农村工作中，林业产权制度改革与农村税费改革、机构改革和社会保障体制改革相结合，进一步落实林农的收益权，放手发展非公有制林业。林业产权制度改革深化时期(表1-1)。

表1-1　我国林权改革政策历程

进程	政策法案	积极性	缺陷
(1)1949~1953土地改革阶段	1950《中华人民共和国土地改革法》、1951《中共中央关于农业生产互助合作的决议(草案)》	农民生产和生活条件有了改善，后期发挥了互助合作的优势	小农经济力量相当薄弱，生产工具不足，资金缺乏
(2)1953~1956初级合作社阶段	1953《关于发展农业生产合作社的决议》	维护了农民的利益，实现土地统一规划和规模效益	与现实生产力脱节，不利于资源的合理流动和优化配置
(3)1956~1981高级合作社和人民公社阶段	1955《关于农业合作社问题的决议》、1956《关于小型的农业合作社适当地合并为大社的意见》、1958《关于在农村建立人民公社的决议》	为国家完成工业化的原始积累任务作出了不可磨灭的贡献	林产权，在某种程度上忽视了农民的个人利益，极大地影响了农民生产的积极性
(4)1981~20世纪90年代初林业"三定"阶段	1981《关于保护森林发展林业若干问题的决议》	调动了森林经营者的积极性，大大提高了劳动效率	分割细碎，集体经济薄弱，所有制与责任制的混淆
(5)90年代初至改革阶段	1998《中华人民共和国土地管理法》、1998《森林法》	促进了森林资源的可持续经营	配套改革措施不完善

1.6　小　结

目前，集体林权制度改革已经在国内全面推进，成果也初步显现，因而以集体林权制度改革为背景研究其对农户行为的影响，已经成为学者们关注的焦点。综合现有的文献资料，国内有关集体林权制度改革的研究主要集中在对林改绩效的评价，林改对农户投资行为，以及林改对农户收入的影响等方面。从研究对象的角度来看，不仅有宏观层面对集体林权制度改革的过程、制度安排的研究，也有微观层面以农户为主体的研究。集体林权制度改革之后，有关农户主体的研究多数集中在对农户行为的研究，从农户意愿的角度出发的研究却很少。在对农户意愿的研究方面，多采用Logistic或者Probit方法构建模型，很少采用最优尺度回归方法来分析。同时，与国外研究相比，国内对于农户行为的研究主要侧重实证研究，理论研究较少。本书将从林权制度改革对环境的影响研究着手，采用调查分析和统计分析的方法对农民林权改革的森林经营优化进行研究，并从农户的主观意愿出发，在了解农户意愿的基础上，结合对农户林地经营规模的分析，为相关政策制定部门提供参考依据。

1.6.1 改革内容

我国集体林权制度改革的重点是通过明晰产权，使林农成为微观市场的经营主体。在此基础上激活山林经营权，落实林业经营者对林木的处置权，确保林地经营者的收益权。具体做法是：将集体林地均分到户（联户），实现"均山、均权、均利"和"耕者有其山"，颁发合法的林权证。

集体林权改革既是林业生产过程中生产关系的调整与确立，也是集体林区林业产业结构的调整与创新。它的实施过程包括林业改革的方针与政策的落实、技术规范的制定、经营者的意见表达和利益整合以及多方面的社会参与等内容。目前，集体林权改革作为一种经济活动过程，已成为影响林业可持续发展的一个重要变量。集体林权改革的社会意义、对环境的影响、保障措施等研究已成为学术界研究的热点，也是我国政府非常关注的问题。

由于自然环境存在很大差别，集体林权改革在各地区的实施效果也不尽相同，理论界对各地的集体林权政策改革的实施效果已经进行了很多调查研究。研究主要从区域的自然条件和生态环境入手，论述集体林权改革的必要性，介绍当地在集体林权改革方面所做的工作，以及实施中遇到的困难和存在的问题，然后针对困难和存在的问题提出相应对策。这些研究基本停留在实际调查研究阶段，很少有人在理论上进行国内外林权制度改革的比较分析，以及林权制度改革政策效应评价研究等。

1.6.2 改革经济学分析

从制度经济学角度来看，现行的林权制度难以适应市场经济发展的要求，交易成本过高，阻碍了林业产业化进程和林业经济的持续发展。

交易成本包括林业生产外交易成本与林业生产内交易成本。前者指政府向林业企业或林农摊派的各种费用，如"育林基金""林地补偿费"等，这些费用是维持林业基层组织正常运转的经济来源。我国现行的林权制度是林地所有权归国家或集体，实行无偿使用制，但承包者要按照合同规定开展经营活动，向国家或集体上交部分经营成果，以维持相关机构对其生产和生活进行的组织与管理。1978年以后，我国南方集体林区普遍推行"承包经营"，这是一种相对分散的生产经营机制，从某种意义上使原来的集体林场这一经济组织被虚化，但要管理众多分散的林农并将各级政府的政策、指令贯彻到最基层，仍需要大量基层组织。这些组织中的人员工资、活动开支都是林业生产外交易成本增加的直接原因。

林业生产内交易成本包括林业企业或林农与农药、化肥、种子等生产厂家发生经济活动时的交易成本、林农与林产品加工厂家和林产品销售商之间的交易成本以及林地转让的交易成本。由于林农生产经营的分散性以及林业生产资料市场与林产品销售市场的信息不对称性，众多林农在与生产厂家、销售商竞争时处于绝对劣势，而且这些生产厂家、销售商都为地方政府所直接管理或垄断经营，导致林业生产资料价格逐年增加且居高不下，而林产品实际价格却逐年下降。此外，在市场经济发展过程中，林农内部相继产生行业分化，出现专门从事林业生产或从事商业、运输业、建筑业等行业的职业阶层，允许林农以转包、转租等方式转让林地使用权成为市场经济发展的必要内容。然而，我国对林农拥有林地权利的法律性质规定不明确，导致现阶段林农拥有的林地权利还属于一种残缺不全的权利形态，这必然会增加林地使用权转让的风险与成本，由于存在这种林地权利主体的模糊性，林农对林地的长期投入缺乏积极性，没有动力自愿自觉地维持林地的生产力，甚至会破坏性地利用林地。这将大大提高再次承包林地的林农的生产投入，同时也加大了林地转让的交易风险和交易成本。

总之，我国现行的林权制度使林业生产内交易成本过高，阻碍了林业经济资源的优化组合，不利于林农收入的提高，进而造成目前集体林区林业生产不稳定，并使大量林区青壮劳力外出打工，林农缺乏经营林地的信心，林区一旦发生林火等灾害时留下的劳力往往无力进行扑救等。

1.6.3   改革效果

1.6.3.1   明晰产权

我国的集体林地虽然实行了林业"三定"的改革措施，但留下了很多矛盾和纠纷，林农对林地的使用权和林木的所有权长期没有得到真正落实。在新一轮林改中，各地以明晰产权、颁发"铁证"为基础，严把发证程序关，严格林权登记管理。在操作过程中，各地本着确保质量、规范操作、责任到人的原则，在较大程度上破解了历史上林地权属不清的难题，取得了林业产权制度改革的突破，为农民增收致富提供了创业平台。

以江西省为例，通过实施以明晰产权为核心的集体林权主体改革，全省集体林地面积 874.9 万 hm^2，完成明晰产权面积 872.2 万 hm^2，其中自留山面积 163.33 万 hm^2，均山到户面积 556.13 万 hm^2，集体股份经营面积 124.4 万 hm^2，其他形式经营面积 28.33 万 hm^2。目前，全省已发放林权证面积 851.8 万 hm^2，发证本数 613 万本。据计算，江西省林地确权率 99.69%，家庭承包率 80.39%

（按全省集体林地面积计算），发证率97.36%。

1.6.3.2 金融创新

为了满足林业快速发展的要求和林农创业致富的迫切需要，在林改过程中各地还积极推进金融体制创新，以破解制约林业产业发展的融资难题。各地通过拓宽金融服务渠道，积极推进林权抵押贷款，实施政策性林木综合保险工作，加大对林业金融政策的支持力度，为林业的发展提供新的源泉。

以浙江省为例，2008年通过林农小额信用贷款、林农联保贷款、林业中小企业贷款、林农联保贷款、林业中小企业贷款等多种贷款方式，发放了总额超过260亿元的林业贷款。全省通过森林资源资产抵押贷款的相关管理制度，引导农发银行、农业银行等多家金融机构开展林权抵押贷款业务，累计发放林权证抵押贷款8.26亿元，贷款农户（含企业等）19526户。全省所有用材林、经济林和竹林都可以纳入政策性保险范围，投保的生态公益林197万 hm^2，用材林、经济林和竹林217.11万 hm^2，有效增强了森林的风险防范能力。

1.6.3.3 林权交易

产权清晰为森林资源的优化配置提供前提条件，为了盘活森林资源，促进资源的有效配置，林权交易市场的建设也是林权改革的重要步骤。为了规范流转行为，确保林业生产要素的合理流动，维护林农的合法权益，各地对林权流转加强了管理，强化对流转的服务，创新流转的形式。通过规范流转行为，初步达到了生态受到保护、林农得到实惠的效果。对流转的规范，保障了林农的合法权益，增强了林农保护森林的自觉性。同时促进了林业的规模经营、集约经营和林业产业的蓬勃发展。

以湖南省为例，在确保农民不失地、不失利的基础上，通过对森林资源的流转行为进行规范，有效引进社会资金和技术，实现林农的可持续增收。引导农民以分期交租，逐年提高的方式出租林地，鼓励农民以入股的方式实现林地适度规模经营。2009年全省已设立林业产权交易中心21个，流转森林81.23万 hm^2，实现交易额35.6亿元。

1.6.4 改革面临的问题

在取得较大成就的同时，林权改革与其他新改革措施一样存在不足：

首先，各地区都存在改革措施操之过急的现象，存在纠纷隐患。林权改革是一项惠民政策，其目的在于发展林区的农村经济。在制定和实施各项政策时，应当充分体现民意，只有这样才能调动农民的积极性，这也是新农村建设中管理民主的体现。然而在与农户交流时发现，并不是所有农户都同意当地实施的改革措施。比如以经营权换路权的措施，有的农户并没有在同意以林权换路权的协议上签字，尤其是山林比较少的农户，仅因为其山林与被承包出去的集体林地相连而被迫同意，这是以少数服从多数的形式变相地对少数农户经营权的剥夺，不仅减少了其林业收入，危害个别林农的利益，还对以后合约的履行留下了隐患。另外，很多地区在确权过程中虽然明确"四至"界限，但只是规定前、后、左、右的户主姓名，没有明确的标志，这也是以后的纠纷隐患。

其次，林改的社会化服务体系不完善，难以实现林业的综合效益。除去承包给业主的集体林地外，绝大多数林地都交给农户自主经营。林改后，农户将会拥有更多的处置和收益权。林业"三定"后，林业细分到农民手中，农户的超小规模经营导致了在与市场对接中处于不利地位，不利于发挥林业的规模效应。在对树木的管理和利用上缺乏及时有效的信息，同时还由于资金、技术的限制使他们化解风险的能力很低。通过对农户访谈、实地调查发现，林区树种单一，管理方式落后，外面引进的树种由于技术和自然方面的原因在该地区无法存活；林区"三防"只是停留在宣传上，传统的森林防护功能弱化，农户单家独斗的小规模经营模式，在目前劳动力紧缺的现实下，并不利于森林的利用和管理。

再次，对林权改革的政策效应缺乏评估。林权制度改革是一项系统工程，该政策的实施可能会对社会、经济和环境产生一定的影响，尤其会对生态环境产生深远的影响。2010年，温家宝总理在《政府工作报告》中指出："15亿亩林地确权到户，占全国集体林地面积的60%，这是继土地家庭承包之后我国农村经营制度的又一重大变革。"因此，无论从国内外的发展经验，还是从我国社会、经济和环境协调发展的角度来看，开展林权制度改革政策效应评价是十分必要的，也是保证林权制度改革政策顺利实施的重要组成部分。无论在一些发达国家，还是一些发展中国家，如德国、法国、美国、加拿大、喀麦隆、中非共和国、刚果（布）、刚果（金）、赤道几内亚和加蓬等，在开展类似项目都进行了政策效应的评价研究，以确保项目实施的有效性。我国林权制度改革政策已实施几年了，也应进行政策效应的评价研究，促进后续工作的健康发展。

最后，林改的配套政策跟不上，限制着改革潜能发挥。确权颁证是让农民拥有林地产权，这只是集体林权改革的主体工作，配套改革是决定这次改革成败的关键。现行的森林采伐制度、木材运输制度和林地流转制度等，都在不同程度上限制着林农对林地和森林收益权和处置权的真正实现，同时有的政策和制度，如现行的林区公共设施供给制度、社会化服务体系和林业发展扶持政策，还限制着农民对森林的投资热情。以上这些问题都有待配套政策的实施来解决。

总之，林权制度改革目前仍处于初始阶段，其正面和负面的影响正在逐渐体现出来。林权改革在释放了林农投资生产的积极性的同时，对林业产业的发展也将产生较大的影响。此外，由于森林具有自然属性的特点，在林业产业发展过程中必将对环境产生较大的影响。比如森林对生物多样性保护，水土保持和净化空气等方面就具有较大的影响，随着林改的不断推进，这些影响将随时间日益显现，加强对他们的研究是我国实现可持续性发展过程中应该考虑的问题。从经济发展的角度来看，产业的发展往往伴随着给环境带来的不利影响。但是与其他产业不同，林业的健康发展可以给环境带来巨大的生态效应，对生态环境的改善有明显的正面效应。因此，开展好林权制度改革后续的配套政策措施的研究，保障相关政策的顺利实施，也是我们迫切需要研究的。

第2章
研究区域选择及改革情况

对林权制度改革对环境的影响及其经营优化研究主要采取调查研究和统计分析的方法进行。目前，我国林业改革取得重大进展。其中，集体林权制度改革明晰产权任务已基本完成，国有林场改革2011年已开始在7省份进行试点，重点国有林区改革2012年也已启动试点。在集体林权制度改革中，我国8700多万农户得到了1.8亿hm²林地的承包经营权，以及价值数万亿元的林木所有权，集体林权制度改革的阶段性目标基本完成（张建龙，2012）。因此，对研究区域的选择主要采取机械抽样的方法进行，主要选取7个省份进行调查研究。

2.1 研究区域选择

根据2013年全国行政区划统计，我国共有34个省级行政区，其中：4个直辖市、23个省、5个自治区和2个特别行政区。在这34个省（区、市）中，除香港、澳门、台湾外，其他31个省（区、市）基本均参与了林权制度改革。

按照《中华人民共和国国民经济和社会发展第十一个五年规划纲要》的区划，从地理位置上划分，我国除港澳台外的31省（区、市）所属的地理区域见表2-1（"集体林权制度改革监测"项目组，2012）。由于我国林权制度改革主要集中在这31个省（区、市），因此，样点选取的对象主要是这31个区域（表2-1）。

表2-1 除港澳台外的31省（区、市）所属的地理区域

地理区域	省（区、市）	个数（个）
东部区	北京 天津 河北 上海 江苏 浙江 福建 山东 广东 海南	10
东北区	辽宁 吉林 黑龙江	3
中部区	山西 安徽 江西 河南 湖北 湖南	6
西南区	重庆 四川 贵州 云南 西藏 广西	6
西北区	陕西 甘肃 青海 宁夏 新疆 内蒙古	6

资料来源："集体林权制度改革监测"项目组，2010。

研究采用分层抽样的方法来选取样点。分层抽样又称类型抽样，它首先把调查对象按某一标志分成若干个类型组，使各组组内标志值比较接近，然后分别在各组组内按随机原则抽取样本单元。分层抽样的主要优点是：它提高了样本的代表性；同时降低了影响抽样平均误差的总体方差。因此，根据我国林权制度改革省(区、市)的地理分布，将 31 个省(区、市)划分为 5 个区域组，即东部区、东北区、中部区、西南区和西北区。

在上面划分的基础上，采用分层抽样中的比例分配法确定各层的样本数。即：

总体样本数 $N=31$ 个省(区、市)；总体划分为 5 个地理区域，$K=5$；第 i 个地理区域的省(区、市)个数为 $N_i(i=1, 2, \cdots, 5)$。则各地理区域 N_i 中抽取的样本单位数 n_i(以省(区、市)为单位)为：

$$n_i = k \times N_i/N$$

经过计算 $n=6$。即要在全国 31 个省(区、市)开展林权制度改革对环境的影响及其森林经营优化研究，如果以省(区、市)为单位，必须至少分层选取 6 个省(区、市)作为样点。

在研究中，根据上述公式计算结果，东部地区选取 2 个样点就够了，为了保证研究的无偏性，特选取 3 个省(区、市)作为调查研究对象。因此，研究选取的 7 个样点为：浙江、福建、山东、辽宁、江西、河南和甘肃，并根据实际情况对这些样点省份的典型县(市)的乡村镇的林权改革情况进行调查分析研究。

2.2 基本改革情况及所选区域森林资源和社会、经济概况

我国集体林权制度改革的主要任务为：明晰产权，勘界发证，放活经营权，落实处置权，保障收益权，落实责任。完善集体林权制度改革的政策措施有：完善林木采伐管理机制，规范林地、林木流转，建立支持集体林业发展的公共财政制度，推进林业投融资改革，加强林业社会化服务。

早在 1998 年，福建省永安市洪田村率先将山林承包到户，全村人均林业收入成倍增加。2003 年 6 月，我国颁布《中共中央国务院关于加快林业发展的决定》，率先在福建启动了"重点在于突破林业产权制度改革，建立现代林业产权制度"的新一轮改革。此次改革意在通过明晰界定产权和有效保护产权，激励林农和其他相关利益主体的经营行为，实现"资源增量、农民增收、社会增效"的目标。2008 年 6 月 8 日，我国颁布《中共中央国务院关于全面推进集体林权制度改革的意见》[中发(2008)10 号]，计划用 5 年左右时间，基本完成明晰产权、

承包到户的改革任务，即确立林农林业经营主体地位，将家庭承包经营的方式深入到林业改革。2011年4月20号，第十一届全国人民代表大会常务委员会第二十次会议上国家林业局局长贾治邦做了《国务院关于集体林权制度改革工作情况的报告》，对集体林权制度改革工作做了全面的总结，给出了充分肯定和高度评价，并提出了深化改革加快发展的重要意见和建议。2010年年底，全国已有18个省（区、市）基本完成明细产权任务，解决林权纠纷80万起，1.49亿hm²林地确权到户，6825万农户拿到林权证，3亿多农户直接受益（"集体林权制度改革监测"项目组，2012）。

我国集体林权制度改革的核心内容是，在坚持集体林地所有权不变的前提下，依法将林地承包经营权和林木所有权，通过家庭承包的方式落实到本集体经济组织的农户，确立农民作为林地承包经营权人的主体地位。林权改革工作是分层次进行的。第一层次，是明晰产权。以均山到户为主，以均股、均利为补充，把林地使用权和林木所有权承包到农户。第二层次，是勘界发证。在勘验"四至"①的基础上，核发全国统一式样的林权证，做到图表册一致、人地证相符。第三层次是放活经营权。对商品林，农民可依法自主决定经营方向和经营模式。对公益林，在不破坏生态功能的前提下，可依法合理利用林地资源。第四层次是落实处置权。在不改变集体林地所有权和林地用途的前提下，允许林木所有权和林地使用权依法出租、入股、抵押和转让。第五层次是保障收益权。承包经营的收益，除按国家规定和合同约定交纳的费用外，归农户和经营者所有。因此，所选研究区域7省份的森林资源和社会、经济基本情况如下：

林地面积按照土地权属可分为国有林地和集体林地。依据相关资料，在全国林地面积中，国有林地12131.58万hm²，占全国林地面积的39.94%；集体18246.61万hm²，占60.06%。从行政区域看，对于研究中涉及的7个省份而言，国有林地与集体林地的所占比例均有所差异，其中集体林地面积所占比例最高的是浙江，达到96.92%；其次，山东、福建和河南的集体林地所占比例也较高，分别为94.68%、93.30%和92.81%；江西和辽宁的集体林地面积与以上地区相比较低，分别为88.89%和88.61%，但高于全国平均水平；甘肃的集体林地面积比例最低，为39.27%。研究中各省份林地面积按土地权属统计分别如图2-1、见表2-2。

按照行政区域来看，在活立木总蓄积方面，甘肃国有林所占比重最大，占全省总蓄积的80.17%，超过全国平均水平63.72%，集体林所占比重最小，为8.68%，个体所占比重与全国平均水平较接近，为11.15%；福建、江西和辽宁

---

① 指某块土地与四周相邻土地的界限。

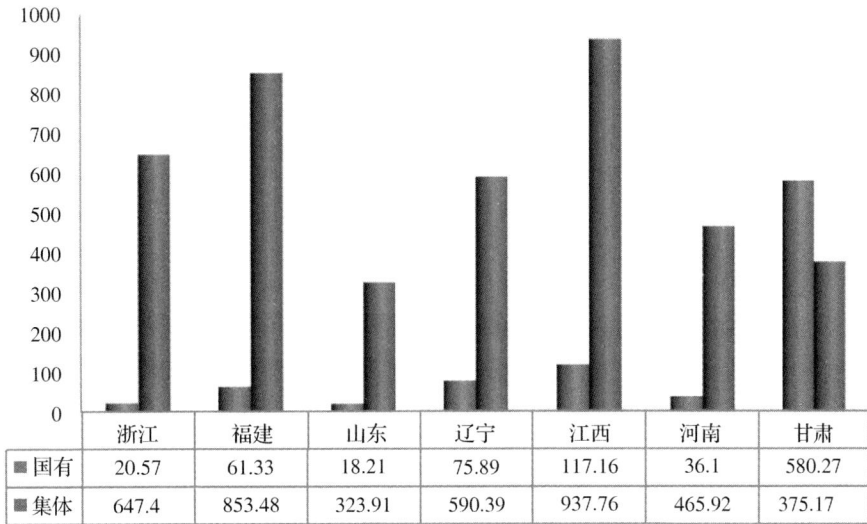

	浙江	福建	山东	辽宁	江西	河南	甘肃
■国有	20.57	61.33	18.21	75.89	117.16	36.1	580.27
■集体	647.4	853.48	323.91	590.39	937.76	465.92	375.17

图 2-1　研究区域各省份林地面积统计图（单位：万 hm²）

表 2-2　研究区域各省份林地面积统计表

单位	林地面积（万 hm²）	国有		集体	
		面积（万 hm²）	比例（%）	面积（万 hm²）	比例（%）
全国	30378.19	12131.58	39.94	18246.61	60.06
浙江	667.97	20.57	3.08	647.40	96.92
福建	914.81	61.33	6.70	853.48	93.30
山东	342.12	18.21	5.32	323.91	94.68
辽宁	666.28	75.89	11.39	590.39	88.61
江西	1054.92	117.16	11.11	937.76	88.89
河南	502.02	36.10	7.19	465.92	92.81
甘肃	955.44	580.27	60.73	375.17	39.27

3 个省份的国有林蓄积所占比重均在 20% 左右，但集体和个体所占比例有所差异，辽宁省集体林蓄积所占比例相对较多，为 62.47%，个体比例相对较少，为 14.42%；江西省个体所占比例相对较多，为 55.73%，集体林所占比例相对较少，为 23.55%；福建省集体林与个体分别占 48.56% 和 33.11%；浙江、山东和河南国有林蓄积所占比例相对较少，均小于 10%。但在集体林蓄积所占各省森林总蓄积比例方面，浙江省相对较多，为 64.87%，山东和河南相对较少，分别为 18.01% 和 16.64%。在个体森林蓄积占各省总蓄积比例方面，山东省和河南省均占到 73% 以上，而浙江省占 26.74%。研究区域各省份活立木总蓄积按林木权属统计分别如图 2-2、见表 2-3。

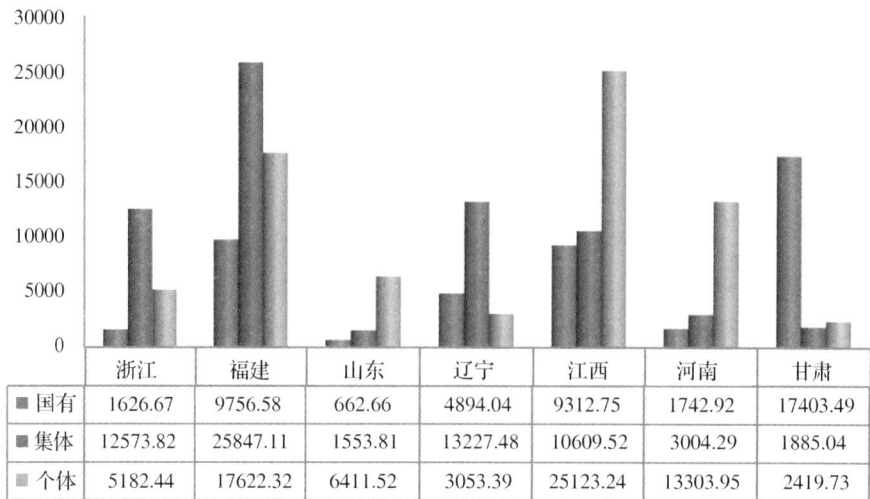

	浙江	福建	山东	辽宁	江西	河南	甘肃
■国有	1626.67	9756.58	662.66	4894.04	9312.75	1742.92	17403.49
■集体	12573.82	25847.11	1553.81	13227.48	10609.52	3004.29	1885.04
■个体	5182.44	17622.32	6411.52	3053.39	25123.24	13303.95	2419.73

图 2-2　研究区域各省份活立木总蓄积统计图（单位：万 m³）

表 2-3　研究区域各省份活立木总蓄积统计表

单位	活立木总蓄积（万 m³）	国有		集体		个体	
		蓄积（万 m³）	比例（%）	蓄积（万 m³）	比例（%）	蓄积（万 m³）	比例（%）
全国	1455393.79	927406.26	63.72	315215.56	21.66	212771.97	14.62
浙江	19382.93	1626.67	8.39	12573.82	64.87	5182.44	26.74
福建	53226.01	9756.58	18.33	25847.11	48.56	17622.32	33.11
山东	8627.99	662.66	7.68	1553.81	18.01	6411.52	74.31
辽宁	21174.91	4894.04	23.11	13227.48	62.47	3053.39	14.42
江西	45045.51	9312.75	20.68	10609.52	23.55	25123.24	55.77
河南	18051.16	1742.92	9.66	3004.29	16.64	13303.95	73.70
甘肃	21708.26	17403.49	80.17	1885.04	8.68	2419.73	11.15

　　在社会经济发展方面，主要从 GDP、人口以及林业产值来考察。2012 年全国 GDP 为 516282 亿元，人口数为 135404 万人，林业产值为 394509075 万元。其中，山东省的 GDP、人口数以及林业产值占全国的比例最高，分别为 9.69%、7.15% 和 11.45%；浙江的三项指标相对较高，分别为 6.71%、4.04% 和 8.00%；河南在 GDP 和人口两方面比例较高，分别为 5.73% 和 6.95%，但在林业产值方面的比例则较低，仅为 2.76%；福建省在林业产值方面比例相对较高，为 7.80%，在 GDP 和人口两方面比例分别为 3.82% 和 2.77%；辽宁省和江西省在林业产值方面均为 4% 左右，人口所占比例也均在 3% 左右，但 GDP 所占比例，辽宁省要高于江西省；甘肃省的 GDP、人口以及林业产值所占比例均相对

较少，分别为 1.09%、1.90% 和 0.59%。上述社会、经济发展具体统计情况见表 2-4。

表 2-4　研究区域各省份社会经济发展统计

省份	GDP（亿元）	比例（%）	人口（万人）	比例（%）	林业产值（万元）	比例（%）
全国	516282	100.00	135404	100.00	394509075	100.00
浙江	34665	6.71	5477	4.04	31568884	8.00
福建	19702	3.82	3748	2.77	30780284	7.80
山东	50013	9.69	9685	7.15	45152189	11.45
辽宁	24846	4.81	4389	3.24	15475567	3.92
江西	12949	2.51	4504	3.33	16281972	4.13
河南	29599	5.73	9406	6.95	10887422	2.76
甘肃	5650	1.09	2578	1.90	2345241	0.59

2.2.1　浙江省改革情况

浙江省林地面积为 667.97 万 hm^2，其中国有林 20.57 万 hm^2，占全省林地面积的 3.08%，集体林 647.40 万 hm^2，占 96.92%。浙江省活立木总蓄积为 19382.93 万 m^3，国有林为 1626.67 万 m^3，占 8.39%，集体林为 12573.82 万 m^3，占 64.87%，个体为 5182.44 万 m^3，占 26.74%。2012 年，浙江的 GDP 为 34665 亿元，占全国 GDP 的 6.71%，人口 5477 万人，占全国 4.04%，林业产值为 31568884 万元，占全国林业产值的 8.00%。

浙江省在 20 世纪 80 年代林业"三定"完善林业生产责任制的基础上，2006 年 3 月，省委省政府下发了《关于切实做好延长山林承包期工作的通知》，全省开展了延长山林承包期工作，进一步明晰产权，规范和重新签订承包合同，核发新的林权证。到 2007 年 8 月，基本完成主体改革任务。

浙江在林业产权主体改革的同时，还进行了相关配套改革。主要在龙泉、安吉等 56 个县市开展了林权管理信息系统建设工作，以"数字档案"的形式记录了山场林权的各种信息，实现了林权管理数字化。庆元、龙泉等 9 县市还建立了林权管理"一户一证一图一表一卡"的"林权 IC 卡""林权身份证"管理制度，将林权信息、森林资源资产评估数据与金融系统对接，有效破解了林权抵押贷款工作中的"评估难"、"耗时长"的问题。

在林地流转管理方面，浙江省政府出台了《森林、林地和林木流转管理办法》，省高级人民法院出台了《关于为推进农村土地流转和集体林权制度改革提供司法保障的意见》，从法律法规层面规范流转程序、档案管理，明确流转范围、流转形式、受让主体、流转后林地的性质。此外，全省建立了 65 个县级林权管理中心，210 个乡镇林权管理服务站，49 个林权交易中心。

浙江省建立了支持林业发展的公共财政制度。对其 266.56 万 hm² 重点公益林的补偿资金总额达 6.8 亿元。在开化县古田山国家级自然保护区以每年 35 元的租金，租赁了 410 户农户的 1448hm² 山林；每年通过财政每年转移支付 1.6 亿元，全省山区农民实现了"零赋税"；规划 10 年建设林道 10 万 km，投入建设资金 60.57 亿元；落实森林抚育试点补贴资金 8180 万元，重点防护林建设项目财政补助近 2 亿元，雨雪冷冻灾害灾后恢复重建项目资金 9000 多万元。竹产业发展项目 1 亿元；发展油茶产业，规划总投资 29.537 亿元，已投入启动资金 1.9 亿元。

当前，浙江已投保公益林 197 万 hm²，投保用材林、经济林、竹林 217.11 万 hm²；45 个县市开展了林权抵押贷款业务，累计发放林权抵押贷款 39.38 亿元，借款农户 7.89 万户。

出台了《林地承包经营权作价出资农民专业合作社登记暂行办法》和《关于提升发展农民林业专业合作社的指导意见》，全省紧密型农民林业专业合作社已发展到 1718 家，社员数 15 万人，带动农户 95 万人，基地 30 万 hm²；其他合作组织 3.58 万家，经营面积 26.4hm²。

浙江省林下经济经营面积 66.67 多万 hm²，实现林下经济效益 826 亿元，每公顷平均增加收益 2100 元，带动农户 130 多万户。

2.2.2　福建省改革情况

福建省林地面积为 914.81 万 hm²，其中国有林 61.33 万 hm²，占全省林地面积的 6.70%，集体林 853.48 万 hm²，占 93.30%。福建活立木总蓄积为 53226.01 万 m³，其中，国有林蓄积为 9756.58 万 m³，占全省活立木总蓄积 18.33%，集体林 25847.11 万 m³，占 48.56%，个体为 17622.32 万 m³，占 33.11%。2012 年，福建省的 GDP 为 19702 亿元，占全国 GDP 的比例为 3.82%，人口 3748 万人，占全国 2.77%，林业产值为 30780284 万元，占全国 7.80%。

福建省 2003 年开展了以明晰产权为重点的林权改革。2006 年完成了以"稳定一大政策，突出三项政策，完善六个体系"为主要内容的深化改革。2007 年主体改革工作基本完成，按照"家庭承包、量化到户、自愿联合、补偿到户"进一步开展明晰产权的工作。2010 年全省开展了"回头看"的工作。按照"长大于消、总额控制、分类经营、分类管理"的思路，逐步建立起"两控、三严、三放"的采伐管理机制。2010 年来，省财政共投入 300 万元，在全省扶持了 60 个典型。目前，全省已建立农民林业专业合作社 1433 个，建立 1000 多家林业专业协会。

2.2.3 山东省改革情况

山东省林地面积为 342.12 万 hm²，其中国有林 18.21 万 hm²，占林地总面积 5.32%，集体林 323.91 万 hm²，占 94.68%。山东省活立木总蓄积为 8627.99 万 m³，其中国有林蓄积 662.66 万 m³，占 7.68%，集体林为 1553.81 万 m³，占 18.01%，个体为 6411.52 万 m³，占 74.31%。2012 年，山东省的 GDP 为 50013 亿元，占全国 GDP 的 9.69%，人口 9685 万人，占全国 7.15%，林业产值为 45152189 万元，占全国 11.45%。

山东省作为我国北方少林省份之一，从 2008 年起开始实施以"明晰产权、放活经营权、落实处置权、保障收益权"为主要内容的林权改革，2009 年在 28 个县开展了林改试点，截至 2009 年年底，全省明晰产权率达 85%，农民人均林业纯收入比上年增长 28.4%，全年人工造林 21.9 万 hm²，森林案件发生数同比下降 35%。2010 年林改在全省全面推开。2011 年 3 月，山东省下发了《关于印发<山东省集体林权制度主体改革检查验收办法>的通知》，基本完成主体改革任务，7 月初完成林改检查验收工作。2013 年山东的全面配套改革也已基本完成。山东省在林权改革过程中，主要采取政府主导、林业部门具体实施、林农直接参与的方式，并取得了良好的效果。林改中，林农对改革的支持率高达 99%，改革参与率及林权纠纷调处率均达到 90% 以上。林改也使农民的生活水平、林业生产积极性提高、农村社会更加和谐。另外，林改也促进了林业合作组织和林产工业的发展，促进了森林资源资产评估和林权流转机制、林业保险、林业合作组织的建立与完善。

2.2.4 辽宁省改革情况

辽宁省林地面积为 666.28 万 hm²，其中国有林 75.89 万 hm²，占林地总面积 11.39%，集体林 590.39 万 hm²，占 88.61%。辽宁省活立木总蓄积为 21174.91 万 m³，国有林为 4894.04 万 m³，占全省活立木总蓄积 23.11%，集体林为 13227.48 万 m³，占 62.47%，个体为 3053.39 万 m³，占 14.42%。2012 年，辽宁省的 GDP 为 24846 亿元，占全国 GDP 的 4.81%，人口 4389 万人，占全国 3.24%，林业产值为 15475567 万元，占全国林业总产值的 3.92%。

辽宁省于 2003 年进行了中国的林改试点工作，并于 2007 年基本完成主体改革。目前，全省已建立 40 个综合管理服务中心，组建林业合作经济组织 2475 个、各种专业协会 931 个，建立了覆盖全省的林业信息网络，并在全省范围内多家银行开展以林抵押贷款发展农业相关产业，落实参保森林面积 208.53 万 hm²。

辽宁省的林业合作经济组织采纳了家庭合作林场模式的经验，宽甸县林农家

庭合作林场 257 个，参与农户 11567 户，经营总面积 16.27 万 hm^2。截至 2011
年，辽宁省已经建立林业专业合作社、家庭合作林场共 2286 个，建立林业专业
协会 907 个。

辽宁省明确森林经营者的营林方向和技术措施，把 5 年内的森林采伐限额落
实到山头地块和经营者手中，由经营者决定采伐时间和采伐方式，扩大经营者的
采伐自主权，落实林木处置权。目前，辽宁省已有 750 个村编制了村级森林经营
方案，宽甸县完成了 155 个村的森林经营方案和产业规划编制工作，建设县级配
套改革示范村 8 个。

辽宁省目前已建立 40 个服务中心，在宽甸县，林业综合管理服务中心共发
放林权抵押贷款 2.8 亿余元，办理森林保险 1.2 亿元，评估森林资源 2000 余
hm^2，受理林权流转 5450 宗。

2.2.5   江西省改革情况

江西省林地面积为 1054.92 万 hm^2，其中国有林 117.16 万 hm^2，占全省林地
面积的 11.11%，集体林为 937.76 万 hm^2，占 88.89%。江西省活立木总蓄积为
45045.51 万 m^3，其中，国有林蓄积为 9312.75 万 m^3，占全省活立木总蓄积
20.68%，集体林为 10609.52 万 m^3，占 23.55%，个体为 25123.24 万 m^3，占
55.77%。2012 年，江西省的 GDP 为 12949 亿元，占全国 GDP 的比例为 2.51%，
人口 4504 万人，占全国 3.33%，林业产值为 16281972 万元，占全国同期林业产
值的 4.13%。

江西省 2004 年，根据《中共中央、国务院关于加快林业发展的决定》精神，
江西省委、省政府出台了《关于深化林业产权制度改革的意见》，从此，先在 7
个县(市)进行改革试点，总结经验之后，又于 2005 年 4 月将林权改革在全省全
面推开。截至 2007 年，全省林权制度主体改革基本完成。

2009 年，江西省成立了全国第一家省级统一管理、辐射周边省市的区域性
林权交易平台——南方林业产权交易所，正式运行至今，全省森林资源交易额突
破 3 亿元，交易范围辐射到周边 7 个省市。2007 年在 26 个县(市、区)开展森林
火灾保险试点后，在 2008 年全面铺开，2009 年将全省 340 万 hm^2 公益林火灾保
险实行省财政统保；2010 年，将火灾、暴雨、暴风、暴雪等灾害纳入政策性森
林保险范围。截至 2011 年一季度，全省森林保险面积达 583.2 万 hm^2，占全省
森林总面积的 65%，林木保额达 428 亿元。截至 2011 年，全省共组建各类林业
专业合作组织 14012 个，参与农户 210.8 万户，涉及面积 450 万 hm^2，其中林业
"三防"协会 11004 个，农民林业专业合作社 1541 个。并取得了明显成效：全省
1028 万 hm^2 集体林地中，已有 1024 万 hm^2 落实了产权，产权明晰率达 99.7%，

集体林地分山到户率达 82.7%。完成林地所有权发证 33.87 万本，宗地 106.14
万宗，面积 686.53 万 hm²。完成使用权发证 391.69 万本，宗地 893.96 万宗，面
积 952.33 万 hm²。全省木竹税费负担由林改前的 56% 下降到 11%，实现了"山
定权、树定根、人定心"。

2.2.6 河南省改革情况

河南省林地面积为 502.02 万 hm²，其中国有林 36.10 万 hm²，占全省林地面
积的 7.19%，集体林 465.92 万 hm²，占 92.81%。河南省活立木总蓄积为
18051.16 万 m³，国有林为 1742.92 万 m³，占全省活立木总蓄积 9.66%，集体林
为 3004.29 万 m³，占 16.64%，个体为 13303.95 万 m³，占 73.70%。2012 年，
河南省的 GDP 为 29599 亿元，占全国 GDP 的 5.73%，人口 9406 万人，占全国
的 6.95%，林业产值为 10887422 万元，占全国同期林业产值的 2.76%。

集体林权制度改革工作是发展现代林业、增加农民收入的战略举措。林权改
革以来，河南省各地围绕明晰产权、均山到户的改革任务，做了大量卓有成效的
工作，不少地方已经基本完成确权发证的任务。为了总结经验，查找不足，切实
提高河南省集体林权制度改革工作质量，确保全省基本完成主体改革任务，省林
业厅决定自 2011 年 2～6 月在全省范围内开展林改"回头看"活动。主要任务
为：

第一，强化组织领导。河南各地要求以此次"回头看"活动为载体，认真查
找林改工作中存在的问题，及时整改完善，确保林改工作扎实有效。各省直辖市
和县级林业行政主管部门组织专门力量，分片包干，落实责任，集中一段时间，
深入基层，认真组织村、组开展林改"回头看"活动。进一步学习和宣传国家和
省级林改政策，提高林改工作人员和广大基层干部的政策水平。在这次活动中，
严格程序，突出重点，保证质量。

第二，做好八个重点查看：

(1)查看调查摸底情况。一要查看农户现有人口情况与填写的《农户家庭人
口现状登记表》是否一致、准确。二要查看收集的所有涉及林权的表册、合同
书、林权证等合法有效证明材料与填写的《林地使用权现状登记表》是否一致。

(2)查看方案制定情况。一要查看《林地使用权现状公示表(第一榜)》是否
在一定区域范围内张榜公示，对群众提出异议的林地或林木，是否及时了解情
况、妥善处理。二要查看林农对林改政策的知晓情况，对外出务工人员是否寄发
《集体林权制度改革工作告知书》予以告知，不能返乡参加林改的外出务工人员，
是否寄回《委托书》委托他人代为行使权利，《委托书》是否存档备查。三要查看
"村(组)林改方案"是否符合中央政策，均分到户和均股均利的林地林木占总林

地林木面积的比例是否达到如下比例：山区80%以上，丘陵区70%以上，平原区60%以上。四要查看票决或表决方案时是否做到"四签两不准"（即会议通知有无户主或代表签收、参加会议人员有无签到、票决或表决结果有无与会人员签名、票决或表决通过的林改方案有无与会人员签名，有无他人或无委托书代为签名，有无圆珠笔或铅笔签名）和"两个三分之二"（即参加会议的人数是否超过应到人数的三分之二、同意林改方案的人数是否超过与会人数的三分之二）。五要查看表决通过的"村（组）林改方案"，是否报乡镇人民政府审核批准。

（3）查看勘界确权情况。一要查看勘界精度。丘陵区和山区使用1:1万地形图进行外业勘界时，有明显参照地形地物的，宗地四至勘界勾绘误差应小于图上距离0.5mm，无明显参照地形地物的，宗地四至勘界勾绘误差应小于图上距离1.0mm；平原区进行外业勘界时，宗地位置和面积是否准确；采用GPS定位的，有无定位坐标，是否绘出宗地示意图。二要查看宗地因子调查情况。宗地调查因子是否完整、准确；《宗地勘界确权调查表》中宗地四至接界人、调绘技术员和其他参与现场勘界调查人员是否签名或盖章和填记调查日期。三要查看存档图纸。宗地外业勘界图是否做到村与村、乡与乡、县与县的边界不重叠，宗地四周界线是否闭合，跨图衔接是否吻合，勘界图是否完整无缺和妥善存档保管。四要查看宗地面积。宗地面积是否实行县、乡、村、组四级控制，并以图上相应区域理论面积和实际求算面积为依据进行平差。五要查看表格资料。是否以村、组为单位填写《林权登记申请表》，并将所有调查资料和《林权登记申请表》登记存档。

（4）查看主体落实情况。一要查看《林地使用权登记公示表（第二榜）》是否在一定区域范围内进行张榜公示。属乡镇集体所有的林地和林木，在乡镇政府所在地张榜公示；属村、组集体所有的林地和林木，在村、组内张榜公示；公示内容是否拍照存档。二要查看调处纠纷。公示期间，有群众提出异议的林地或林木，是否及时了解情况并妥善处理；对林权争议或林权流转过程中引发的各种纠纷，是否按照"属地管理、分级负责、依法调处"的原则进行调处；对历史遗留问题，是否本着"尊重历史、依法办事、妥善处理"的原则，深入调查研究和广泛听取群众意见，通过协商等办法妥善解决；林权纠纷调处是否有调处协议或调解书，是否建立林权纠纷调处档案。三要查看承包合同签订。第二榜公示期满无异议、林权无矛盾纠纷的，是否根据"村（组）林改方案"和勘界确权情况，将集体林地或林木通过家庭承包、拍卖、租赁等形式分别落实到农户或其他经营主体。签订的"集体林地家庭承包合同"和"集体林地其他方式承包合同"中宗地号、小地名、面积、四至、承包年限等是否填写清楚；合同条款是否符合本地实际，条款中是否明确甲乙双方的造林抚育、林地保护、森林防火、病虫害防治、采伐更新、征占补偿、经营权流转抵押、合同争议调处等方面的责任和权利；合同双方和鉴定方是否按要求签字盖章并以村组为单位登记造册、妥善保管。

（5）查看登记申请情况。重点查看明晰产权、落实承包主体后，各承包经营户或承包经营单位是否将林权证明、林地承包（流转）经营合同、《林权登记申请表》以及申请人身份证复印件等相关申请登记办证资料编号造册，统一报送乡（镇）人民政府审核登记。

（6）查看审核备案情况。一要查看乡（镇）人民政府对林权权利人申请登记办证资料是否进行审核并签章报送。二要查看县（市、区）林业行政主管部门是否对申请办证资料进行认真审核，符合办证条件的，是否将相关文字、数据、图表等信息资料进行登记备案，并输入计算机林权登记管理专用数据信息库。

（7）查看颁发权证情况。一要查看林权证发证范围是否符合退耕还林、非基本农田栽植的林木、农村基本农田林木等类型的政策要求。二要查看"均股均利"形式林地使用权和林木所有权证发放，是否根据"村（组）林改方案"或"股份合作协议（章程）"等规定并以农户为单位发放《股权证》。三要查看《林地所有权登记发证公示表》、《林地使用权登记发证公示表》和相应的宗地位置图，是否由乡镇、村、组张贴公示；公示期间，县级林业行政主管部门接到书面情况反映或林权异议报告后，是否组织人员对所反映的情况进行调查核实并妥善处理。四要查看颁发林权证程序。经公示无异议的，是否经县级以上人民政府批准，林业行政主管部门是否按照有关规定和程序打印《林权证》和附图；林权证附图粘贴之后，是否加盖填证机关骑缝章，具体经办人和负责人是否在《林权证》相应栏内签字盖章，批准发证机关是否在《林权证》"发证机关"栏内加盖印章；颁发《林权证》时，林权申请人是否凭本人有效身份证件领取，并在《林权证发放登记表》上签名或盖章；代人领证的是否同时出示代领人和林权申请人的有效身份证件，并在《林权证发放登记表》上签名或盖章。

（8）查看档案管理情况。一要查看档案整理。是否根据林改档案管理有关文件精神，按照客观、完整、准确、系统的基本要求，把林改过程中形成的具有保存价值的林改文件、会议记录、表决结果、改革方案、报告批复、调查表格、勘界图纸、林权证明、委托书信、登记表册、申报材料、音像资料、数据信息等各种形式和载体的原始资料及时整理造册、立卷归档、分级保管；由计算机建立的林权管理数据信息库是否备份并妥善保管。二要查看档案保管。是否实行县、乡、村三级保管制度，是否明确专人负责、专柜保管，各县（市、区）林改档案除在林业行政主管部门存档外，是否将一套完整的档案资料移交同级档案馆长期保存。

通过上述这些工作，河南省基本林权改革的任务，达到林权改革设定的目标。

2.2.7　甘肃省改革情况

甘肃省林地面积为 955.44 万 hm^2，其中国有林 580.27 万 hm^2，占全省林地面积的 60.73%，集体林 375.17 万 hm^2，占 39.27%。甘肃省活立木总蓄积为 21708.26 万 m^3，其中国有蓄积为 17403.49 万 m^3，占全省活立木蓄积的 80.17%，集体林为 1885.04 万 m^3，占 8.68%，个体为 2419.73 万 m^3，占 11.15%。2012 年，甘肃的 GDP 为 5650 亿元，占全国 GDP 的比例为 1.09%，人口 2578 万人，占全国人口总数的 1.90%，林业产值为 2345241 万元，占全国同期林业产值的 0.59%。

甘肃省集体林权制度主体改革在 2011 年 10 月底已基本完成。通过推进集体林权制度改革，获得了林地经营权和林木所有权的农民成了山林的主人，特别是产权落实到户较早的合水、泾川、清水、宕昌、安定、永靖、临泽等 7 个林改试点县(区)，已呈现出了比较明显的改革效益。

甘肃省林改后，试点县(区)森林资源保护得到全面加强，林地林木管护由村干部为主转变为广大农户为主，"家家都是护林队，人人都是护林员"在 7 个试点县(区)已成为普遍现象，看好自家山、管好自家林成为农民的自觉行动；林改解决了长期以来制约林业生产发展的体制性障碍，农民的造林积极性高涨，造林质量显著提高。截至 2011 年 11 月，7 个试点县(区)农民自发投入资金 2764.8 万元，投工投劳 58.6 万人次，累计造林 3.05 万 hm^2；7 个试点县(区)还全部成立了县级林业综合服务中心，成立林业专业合作社 76 个，实行林权流转 2.09 万 hm^2，办理林权抵押贷款逾 1 亿元，落实到户公益林效益补偿资金 2452.8 万元，配套改革取得初步成效。

林改试点县(区)农民在按规定享受惠林政策、获得承包公益林生态效益补偿等各类资金的同时，积极发展林下种养业，增收途径得到了拓宽。以泾川县为例，2011 年该县 48 户农民养殖生态鸡 64.4 万只，上市销售 53 万只，总收入达 3339 万元，有 30 户农民纯收入达 5 万元以上，13 户达到了 10 万元以上。据不完全统计，7 个试点县(区)共发展森林旅游 62 户，林下养蜂 163 户，林下养鸡 241.6 万只，舍饲养羊 7.79 万只，舍饲养牛 8.03 万头，林下种草 0.73 万 hm^2，林下种植山野菜 0.32 万 hm^2。

另外，甘肃省林权改革以来，已给 1223 户农民办理林权抵押贷款 5636 万元，已开展林权流转 1.79 万 hm^2，建立了 86 个农民林业专业合作社，合作经营林地面积 9013.33hm^2；7 个先行试点县(区)分别建立了林业综合服务中心，其林下经济发展已初具规模，林下养鸡 610 户，放养生态鸡 159 只，林下种草 4466.67hm^2，林下中药材 1000hm^2。如在林权改革中，定西市安定区由 46 家农户共同组建的绿盛苗木专业合作社，年销售各类高档苗木 500 余万株，带动了周边 200 多户农户从事苗木种植。

2.3　小　结

我国林地面积 30378.19 万 hm^2，其中国有林 12131.58 万 hm^2，占林地总面积的 39.94%；集体林 18246.61 万 hm^2，占 60.06%。在活立木蓄积中，我国活立木总蓄积为 1455393.79 万 m^3，其中国有林总蓄积为 927406.26 万 m^3，占 63.72%，集体林为 315215.56 万 m^3，占活立木总蓄积的 21.66%，个体为 212771.97 万 m^3，占 14.62%。

我们知道，集体林权制度改革工作是发展现代林业、增加农民收入的战略举措。本研究通过分层抽样的方法选择浙江、福建、山东、辽宁、江西、河南和甘肃 7 省份作为研究的样点，并对这些研究区域的林权改革情况进行了简单的总结与分析。研究表明，这 7 个样点的林地面积占全国林地总面积的 16.80%，其中，集体林面积占全国集体林面积的 23.0%。在森林蓄积中，7 省份活立木总蓄积占全国森林蓄积的 12.86%，其中集体林活立木蓄积占全国集体林活立木总蓄积的 21.79%。2012 年，7 省份 GDP 和林业产值分别占全国的 34.37% 和 38.65%，人口也占全国的 29.38%。因此，选取这 7 省份开展林权改革对环境的影响和经营优化的研究，对促进林改的深入进行，促进当地的社会、经济和环境的协调、稳定、持续发展等有重要的意义。

第 **3** 章
林权制度改革对生态环境影响的调查分析

    林权是指森林、林木、林地的所有权和使用权，是森林资源财产权在法律上的具体体现(三明试验区办公室，2008)。它是经济组织或单位对森林、林木和林地所享有的占有、使用、收益、处分的权利。2008 年 7 月，我国正式发布了《中共中央国务院关于全面推进集体林权制度改革的意见》(中发(2008)10 号)的文件(中共中央，国务院，2008)。文件中指出："我国集体林权改革的总体目标是：到 2010 年，基本完成以农民家庭承包经营为主体，以明晰林地使用权和林木所有权，放活经营权，落实处置权，确保收益权为主要内容的改革任务。"此后，全国林权改革全面铺开。林权制度改革是一项系统工程，不仅涉及经济、社会各个方面，还涉及生态环境的影响等。本章根据 2011 年 7 ~ 8 月对江西遂川，福建三明、永安，辽宁清原和北京怀柔的农户调查，采用多维量表分析的方法对林权改革的政策效应进行评价，并分析林权改革对生态环境的影响，以便对有关管理决策提供依据。

3.1　研究背景

    《中华人民共和国环境影响评价法》(新华社，2011)指出：国务院有关部门、设区的市级以上地方人民政府及其有关部门，对其组织编制的工业、农业、畜牧业、林业、能源、水利、交通、城市建设、旅游、自然资源开发的有关专项规划，应当在该专项规划草案上报审批前，组织进行环境影响评价，并向审批该专项规划的机关提出环境影响报告书。林权改革涉及面广，是促进林业发展的基本政策，也应对该政策效果的生态环境影响进行分析，以促进社会、经济和环境的协调发展。发达国家在执行林业项目时，生态环境影响评价和政策效应分析往往是必不可少的内容，如德国、法国、美国、加拿大等(Food and Agriculture Organization of the United Nations，2010)。一些发展中国家在开展森林经营项目时，也要求进行生态环境影响评价和政策效应分析的研究，如喀麦隆、中非共和国、刚果（布）、刚果（金）、赤道几内亚和加蓬等（Food and Agriculture Organization of the United Nations（FAO），2010b），他们在制订雨林经营计划时，必须进行生态环境影响的评价和政策效应分析。

无论是一般建设项目，还是林业政策，他们的实施可能会对生态环境产生深远的影响。2010 年，温家宝总理在《政府工作报告》（新华社，2011）中指出："15 亿亩林地确权到户，占全国集体林地面积的 60%，这是继土地家庭承包之后我国农村经营制度的又一重大变革。"因此，开展林权改革政策对生态环境影响的研究是十分必要的，也是保证林权改革顺利进行工作的重要组成部分（张敏新，肖平，张红霄，2008）。

3.2 研究方法与数据收集

3.2.1 研究方法

本研究采用实地问卷调查与多维量表分析的方法进行研究。

实地问卷调查主要选择江西遂川，福建三明、永安，辽宁清原，北京怀柔，山东，陕西眉县，河南信阳，浙江杭州和甘肃进行现场调查，共发放问卷 2800 份，回收有效问卷 2480 份，有效问卷回收率为 88.6%。在问卷设计中，共涉及 9 个方面的问题，即分别为回答者的身份，家庭人口数，家庭年均收入，文化程度，性别，年龄，对林改的态度，林改前后对林业的投入，林改前后对环境的影响，具体包括对生物多样性、水土保持、净化空气、森林碳汇、森林旅游和水源涵养的影响。

另外，在调查研究中，由于考虑到农民（林农）对森林碳汇的理解程度，在问卷设计中使用森林蓄积代替森林碳汇。

由于调查问卷是多维量表形式，因此，分析方法主要采用多维量表分析的方法进行研究。

3.2.2 数据收集

在所选择的 9 个省市的有关乡镇，采用随机问卷调查的方式收集资料。整理有关问卷，主要数据资料见表 3-1。

表 3-1 林权改革政策对环境影响评价调查问卷主要数据资料表

序号	调查地点	样本数	家庭年均收入				文化程度				
			≤10000元	10000~30000元	30000~50000元	≥50000元	小学及以下	初中	高中/中专	大专	本科以上
1	江西遂川	322	68	135	62	53	99	151	54	11	5
2	福建三明	269	108	92	46	23	119	95	39	13	3
3	北京怀柔	188	77	57	23	25	71	62	28	2	16
4	辽宁清原	500	307	85	43	65	151	254	70	22	3
5	山东	472	75	185	199	9	209	208	45	6	1
6	陕西眉县	292	24	167	95	6	11	79	100	77	25
7	河南信阳	291	35	176	58	22	33	178	74	6	0
8	浙江杭州	368	21	43	81	223	103	168	78	7	12
9	甘肃	51	4	13	17	17	3	14	16	3	15
合计		2753	719	953	624	443	799	1200	504	147	80

序号	调查地点	性别		平均年龄	家庭平均人数	对林改的态度		
		男	女			满意	不满意	其他
1	江西遂川	281	45	46	6	276	27	15
2	福建三明	147	122	48	5	210	33	26
3	北京怀柔	56	125	46	4	96	39	47
4	辽宁清原	449	51	44	4	395	17	88
5	山东	183	289	46	4	465	1	6
6	陕西眉县	158	134	25	4	265	5	22
7	河南信阳	261	30	45	4	281	8	2
8	浙江杭州	170	196	44	4	202	34	132
9	甘肃	14	37	28	4	37	8	6
合计		1719	1029			2227	172	344

序号	调查地点	生物多样性					水土保持				
		下降	没变化	稍有增加	增加	增加很大	下降	没变化	稍有增加	增加	增加很大
1	江西遂川	11	106	165	27	11	17	86	160	41	12
2	福建三明	0	94	140	21	14	0	78	140	17	34
3	北京怀柔	37	94	42	6	3	39	55	47	35	6
4	辽宁清原	27	0	308	165	0	27	244	193	36	0
5	山东	1	44	69	169	189	3	33	63	187	184
6	陕西眉县	0	21	190	74	7	3	18	146	123	2
7	河南信阳	0	81	131	53	26	0	69	124	58	40
8	浙江杭州	88	116	94	62	8	72	127	116	45	8
9	甘肃	0	18	24	6	3	1	10	22	12	6
合计		164	574	1163	583	261	162	720	1011	554	292

（续）

序号	调查地点	净化空气					森林碳汇				
		增加很大	下降	没变化	稍有增加	增加	增加很大	下降	没变化	稍有增加	增加
1	江西遂川	11	94	152	49	13	18	113	117	56	14
2	福建三明	0	110	140	0	19	0	92	99	32	46
3	北京怀柔	82	37	43	12	7	53	50	57	15	5
4	辽宁清原	0	155	254	90	1	0	132	281	61	26
5	山东	1	26	52	148	244	2	20	51	245	153
6	陕西眉县	0	13	140	101	38	2	5	142	131	12
7	河南信阳	0	41	145	54	51	0	234	42	14	1
8	浙江杭州	61	116	119	52	20	66	165	78	54	5
9	甘肃	1	4	28	11	7	1	8	24	13	5
合计		156	596	1073	517	400	142	819	891	621	267

序号	调查地点	森林旅游					水源涵养				
		下降	没变化	稍有增加	增加	增加很大	下降	没变化	稍有增加	增加	增加很大
1	江西遂川	4	209	66	29	10	14	75	152	66	14
2	福建三明	0	109	100	23	37	0	78	99	58	34
3	北京怀柔	21	36	67	36	22	10	83	48	32	9
4	辽宁清原	0	480	16	2	2	0	440	2	4	54
5	山东	0	39	88	253	91	4	22	60	129	257
6	陕西眉县	1	11	146	121	13	1	13	130	120	28
7	河南信阳	0	52	136	49	54	0	24	124	99	44
8	浙江杭州	14	192	70	66	26	104	106	107	42	9
9	甘肃	0	3	20	14	14	2	8	23	9	9
合计		40	1131	709	593	269	135	849	745	559	458

3.3 数据分析

3.3.1 对环境影响差异的分析

针对表 3-1 的数据，采用多维量表分析法分析林权改革政策对生态环境影响的大小。

首先，对数据文件进行定义。①调查地点，变量 place，取值 1~9，分别代表江西，北京，福建，辽宁，山东，陕西，河南，浙江和甘肃；②环境影响水平，变量 Level，取值 1~6，分别代表对生物多样性(b)，水土保持(s_c)，净化空气(p_a)，森林碳汇(c_s)，森林旅游(t)和水源涵养(w_c)的影响；③环境影响，变量 i_m，取值 1~5，分别代表下降，没变化，稍有增加，增加和增加很大；④家庭年均收入，变量 i_c，取值 1~4，分别代表年均收入≤10000 元，10000~30000 元，30000~50000 元，≥50000 元；⑤文化程度，变量 e，取值 1~5，分别代表小学及以下，初中，高中/中专，大专，本科以上；⑥性别，变量 g，取值 1~2，分别代表女性和男性；⑦年龄，变量 a_g；⑧家庭人口数，变量 p_o；⑨对林改的态度，变量 a_t，取值 1~3，分别代表满意，不满意，其他；⑩身份，变量 s_t，取值 1~3，分别代表林农、农民和其他；⑪林改前后对林业的投入（资金），变量 i_v，取值 1~3，分别代表没变化、有增加和增加很大。

其次，进行多维量表分析。采用社会科学统计软件包 SPSS（Statistical Package for the Social Science）计算的 Young's 压力系数见表 3-2（卢纹岱，2004）。

表 3-2　压力系数计算表

迭代	压力系数	改进
1	0.11680	
2	0.06483	0.05197
3	0.05024	0.01459
4	0.04390	0.00634
5	0.04119	0.00271
6	0.03983	0.00136
7	0.03907	0.00077

注：S – stress 改进小于 0.001。

由计算结果可以看出，在 7 次迭代时，S – stress 值降至 0.03907，增进量为 0.00077，小于 0.001 的迭代标准。因此，停止迭代。

进一步求得 Kruskal's 压力系数为 0.06014，与表 2 求出的 Young's 压力系数 0.03907 大致相同。求得的 RSQ 值为 0.98746，接近于 1，即林权改革政策对环境影响评价的压力系数很小且 RSQ 值很大，反映出模型具有很高的一致性。

同样，求得个体坐标值见表 3-3。

表 3-3 个体坐标值表

刺激点	刺激名称	1	2
1	s_t	1.1747	0.0310
2	p_o	-0.8124	2.6522
3	i_n	0.4720	0.5099
4	e	0.9408	-0.1156
5	g	1.6118	-0.3166
6	a_g	-2.4850	-0.1296
7	a_t	2.0773	0.0661
8	i_v	0.7933	-0.2134
9	b	-0.6887	-0.6207
10	s_c	-0.5866	-0.3076
11	p_a	-0.8251	-0.3179
12	c_s	-0.4467	-0.6051
13	t	-0.4380	-0.2931
14	w_c	-0.7875	-0.3397

最后，根据表 3 所求得的个体坐标值画出的二维坐标如图 3-1。

图 3-1 显示，家庭年均收入、文化程度、性别、对林改的态度、身份和林改后对林业的投入与生物多样性、水土保持、净化空气、森林碳汇、森林旅游和水源涵养有一定的关系，且处于同一区域，尤其是林改后对林业的投入与森林生物多样性、森林水源涵养和水土保持的距离较近，说明林权改革政策对生态环境产生一定的影响，且各因素的影响程度不同，也说明农民（林农）林改后对林业的投入对森林生物多样性、森林水源涵养和水土保持的影响显著，影响也较大，林改政策对这些环境影响的效应较强。

为进一步验证农民（林农）林改后对林业的投入对森林生物多样性、森林水源涵养和水土保持的影响显著，采用最优尺度回归的方法进行检验（林震岩，2007）。分别以森林生物多样性、森林水源涵养和水土保持为因变量，以家庭年均收入、文化程度、性别、年龄、对林改的态度、身份、家庭人口数和林改后对林业的投入为自变量分别进行最优尺度的回归分析，求得森林生物多样性与其他变量的回归分析结果见表 3-4、表 3-5。

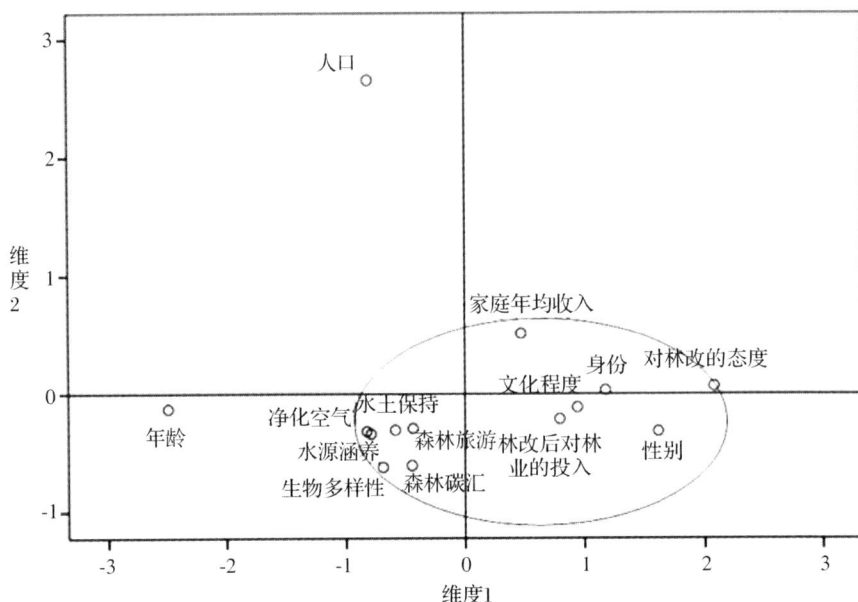

图 3-1　二维空间图

表 3-4　森林生物多样性与其他变量的最优尺度回归分析的
相关系数和容忍度表

变量	相关系数			重要系数	容忍度	
	零相关	局部相关	部分相关		变换后	变换前
s_t	−0.281	−0.157	−0.128	0.108	0.851	0.805
p_o	−0.120	−0.069	−0.055	0.019	0.903	0.900
i_n	−0.072	−0.019	−0.015	0.003	0.865	0.864
e	−0.054	−0.020	−0.016	0.003	0.654	0.624
g	0.124	0.106	0.085	0.030	0.947	0.935
a_g	−0.064	−0.047	−0.038	0.008	0.666	0.663
a_t	−0.270	−0.081	−0.065	0.053	0.829	0.824
i_v	0.570	0.482	0.440	0.775	0.806	0.810

注：因变量为生物多样性(b)：①下降；②没变化；③稍微增加；④增加；⑤增加很大。

表 3-5　森林生物多样性与其他变量的最优尺度回归方差分析表

项　目	平方和	df	均值平方	F	Sig.
回归	651.255	11	59.205	91.924	0.000
残差	1156.745	1796	0.644		
合计	1808.000	1807			

注：因变量为生物多样性(b)：①下降；②没变化；③稍微增加；④增加；⑤增加很大。

由表3-4可以看出，农民(林农)林改后对林业的投入对森林生物多样性的重要系数最大，为0.775，其次为身份，为0.108，再次为对林改的态度，为0.053，说明农民(林农)林改后对林业的投入对森林生物多样性的影响最大，政策对他们的环境影响效应最强。

另外，最优尺度回归方程的 R 值为0.600，$R^2 = 0.360$。由表3-5可以看出，回归方程的 F 值为91.924，Sig. 为0.000，小于0.05的显著性水平，说明方程通过检验，具有统计学意义。因此，根据最优尺度回归系数(表3-6)，森林生物多样性与其他变量的最终回归方程为：

$$b = -0.138s_t - 0.058p_o - 0.017i_n - 0.020e + 0.088g - 0.046a_g - 0.017a_t + 0.490i_v$$

表3-6　森林生物多样性与其他变量的最优尺度回归系数

变量	标准系数		df	F	Sig.
	系数	标准误差			
s_t	-0.138	0.020	2	45.756	0.000
p_o	-0.058	0.020	1	8.701	0.003
i_n	-0.017	0.023	1	0.526	0.468
e	-0.020	0.023	1	0.737	0.391
g	0.088	0.019	3	22.293	0.000
a_g	-0.046	0.022	1	4.210	0.040
a_t	-0.071	0.024	1	8.857	0.003
i_v	0.490	0.021	1	556.854	0.000

注：因变量为生物多样性(b)：①下降；②没变化；③稍微增加；④增加；⑤增加很大。

同样，分别求得农民(林农)林改后对林业的投入对森林水土保持、水源涵养的重要系数分别为0.772、0.708，且重要系数与其他因素相比，均为最大，说明农民(林农)林改后对林业的投入对他们的影响也为最大，林改政策对这些项目的环境影响效应也最强。同样，分别求得两方程的 R 值为0.589、0.577，R^2 也分别为0.347、0.332。Sig. 均为0.000，通过显著性水平检验，说明最优尺度回归方程具有统计学意义，也进一步说明农民(林农)林改后对林业的投入对森林水源涵养和水土保持的影响显著，林改政策对这些项目的环境影响效应最大。

同理，最后求得森林水源涵养和水土保持与其他变量的最终回归方程分别为：

$$s_c = -0.124s_t - 0.063p_o - 0.010i_n - 0.007e + 0.069g - $$
$$0.062a_g - 0.095a_t + 0.478i_v$$
$$w_c = -0.119s_t - 0.064p_o - 0.081i_n - 0.006e + 0.060g$$
$$- 0.087a_g - 0.111a_t + 0.441i_v$$

对上述计算，进一步进行林改政策对环境影响的一致性检验，并作线性拟合度的散点图如图 3-2。在图 3-2 中，横坐标距离为标准化后的原始数据，纵坐标为相异性距离。所有数据均在左下到右上的一条直线附近，没有太多偏离的情况，可见林权改革政策对生态环境影响的分析数据与模型有非常高的一致性。

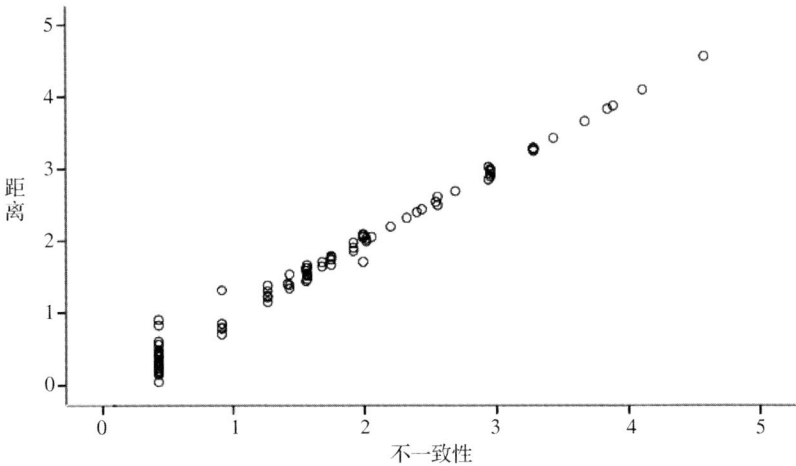

图 3-2　线性拟合度的散点图

因此，由上面的分析可以看出：农民（林农）家庭年均收入、文化程度、性别、年龄、对林改的态度、身份和林改后对林业的投入对生态环境均有一定的影响，且农民（林农）林改后对林业的投入对森林生物多样性、森林水源涵养和水土保持这些环境项目的影响最大，林改政策对他们的作用效应强，这与上面的评价结果是一致的。

3.3.2　地区对环境影响的政策效应评价分析

对林权改革政策的环境影响评价分析，不同地区对环境的影响评价，我们采用多变量方差分析的方法进行。

以林权改革政策对生物多样性，水土保持，净化空气，森林碳汇，森林旅游和水源涵养的影响为因变量，以地区为固定变量进行多变量方差分析。

采用 GLM（一般线性模型）求出的使用 4 种方法检验的地区对环境影响的均值比较的 F 检验结果见表 3-7，地区对环境影响的方差分析表见表 3-8。

表 3-7 地区对环境影响的均值比较的多变量检验结果

方法	计算值	F	df	标准误差	Sig.
Pillai's trace	1.114	69.977	48.000	14736.000	0.000
Wilks' lambda	0.234	86.382	48.000	12064.010	0.000
Hotelling's trace	1.976	100.808	48.000	14696.000	0.000
Roy's largest root	1.061	325.607[a]	8.000	2456.000	0.000

（a）The statistic is an upper bound on F that yields a lower bound on the significance level.

表 3-8 地区对环境影响的政策效应评价的方差分析表

因变量	Type III 计算的偏差平方和	df	平均值平方	F	Sig.
b	807.150	8	100.894	136.860	0.000
s_c	934.706	8	116.838	157.720	0.000
p_a	922.811	8	115.351	155.806	0.000
c_s	1067.394	8	133.424	210.571	0.000
t	1101.257	8	137.657	209.351	0.000
w_c	1323.486	8	165.436	193.552	0.000

由表 3-7 可以看出：4 种方法计算的不同地区对环境影响均值的 F 值的 Sig. 均为 0.000，小于 0.05 的概率值，说明用 4 种方法检验的不同地区对环境影响的结果都有显著差异，即林权改革的不同地区对环境影响的均值间有显著性差异。

同样，表 3-8 的计算结果说明，4 个地区对 6 种生态环境影响的均值的 Sig. 值也均为 0.000，显著性概率小于 0.05，表明 9 个地区对 6 种生态环境的影响有显著性差异。因此，从分析结果来看，林权改革的地区不同，对生态环境影响的差异也是不同的。

3.4 结论与讨论

通过对我国林权改革政策对生态环境影响的评价分析可以看出：

（1）林权制度改革政策对森林生态环境产生了一定的影响，尤其在森林生物多样性、水土保持、净化空气、森林碳汇、森林旅游和森林水源涵养的影响中，林权改革政策对生物多样性、水土保持和森林水源涵养的影响最大，政策作用效应最强，并具有统计学意义。因此，在林权改革中，应该把关注生物多样性保护，加强水土保持和森林水源涵养作为重点来考察，以促进林权改革政策对社会、经济和环境影响的协调、稳定和持续发展。

（2）在林权改革政策对生态环境影响评价分析中，农民（林农）林改后对林业的投入对生态环境影响评价的结果有重要的影响。其中，投入对生物多样性、水土保持和森林水源涵养的影响最大。因此，加强对林业的投入，也是通过林权改革改善环境的一条途径。

（3）不同地区林权改革对生态环境的影响评价也存在一定的差异。由地区对生态环境影响分析的结果可以看出，采用 4 种方法检验的地区对环境影响评价均值的 F 值的 Sig. 值均小于 0.05，说明不同地区对环境影响评价有显著性差异，且具有统计学意义。因此，林权改革要具体情况具体分析，不能用一个地区的模式套用其他地区，促进林改政策效用的最大发挥。

（4）林权改革政策效应评价分析是林权改革制度顺利实施必不可少的内容，它涉及项目的长期发展和国家的生态安全等，一定要有正确的认识（张蕾等，2006）。从调查分析结果可以看出，无论是农民家庭年均收入，还是农民教育水平、性别和对林权改革的态度等，均对生态环境影响评价结果有一定的影响，说明林权改革制度政策的实施对生态环境影响评价是必需的。因此，在以后的类似政策实施中，也应建立完善的生态环境影响评价制度，促进项目的长期、稳定发展。

总之，林权制度改革政策作为促进我国林业发展的根本措施已实施一段时间了，但许多人仍认为类似政策无需开展环境影响的评价分析研究。通过对我国林权改革政策对生态环境影响的实地调查和多维量表分析研究可以看出，林改政策效应评价在林权改革项目实施中是十分必需的，它对促进决策的科学性，保障社会、经济和环境的协调发展，加强生态安全意识等具有重要的意义和作用。

3.5　浙江省林权制度改革对环境的影响分析

3.5.1　基本情况

3.5.1.1　浙江省林权制度改革的背景

集体林权制度改革，在集体林占 95% 的浙江已走过 30 个年头。作为全国集体林权制度改革先行省份，浙江省在林改方面取得明显成效，走在全国前列。截至 2012 年，浙江省已完成核（发）林权证面积 576.97 万 hm^2，占应核（发）证面积的 96.8%；核（发）林权证 425.9 万本，占应核（发）林权证的 99%；签订责任山承包合同 143.9 万份，占应签订承包合同的 97.5%。该省已成为全国率先基本完成主体改革任务的省份之一，初步实现了资源增长、林农增收、生态良好、林区和谐的目标。目前，浙江省森林覆盖率达60.58%，2011年林业总产值突破3155亿元，林业占农民收入的比重超过18%，山区县超过50%。

浙江省将林权制度改革的机制优势转变为产业优势，通过林权抵押贷款、盘活森林资产，破解资金困难，发展生产；通过做大加工，提升林产品价值；通过发展生态旅游，既促进农户增收，又保护森林资源，形成林业一二三产业完整的产业链(张健康，2012)。

林改以来，浙江省围绕集体林权制度改革和现代林业建设，全省林业专业合作社有了较快的发展，现已建农民林业专业合作社1500多个，约占全国的十分之一，走在全国前列，有力地促进了林业增效、林农增收和林业产业化、规模化经营。据统计，全省91家重点林业龙头企业实现销售收入125134亿元，出口创汇315亿美元，依托产业化经营，全省已发展各类林业特色基地217个，产值3511亿元，覆盖6017万林农，人均增收2158元，形成生态效益、经济效益、社会效益协调发展，林兴民富互动双赢的良好格局。浙江省明确到2015年，全省农民林业专业合作社发展到2000家以上，其中培育规模大、运作规范、服务功能完善的省示范性合作社300家以上，带动农户100万户以上，带动基地66.67万 hm² 以上的目标(国家林业局，2010)。

此次调研主要以浙江省临安市为例，进行问卷调查，并研究林权制度改革对环境的影响。

3.5.1.2 临安市的基本情况

临安市林业资源较为丰富、林地面积广阔、森林覆盖率高、活立木蓄积量大。2010年全市林业用地面积26.11万 hm²，林木蓄积量830万 m³，森林覆盖率76.55%，是浙江省重点林区县之一，具有重要的生态地位和产业地位。近几年，该市先后荣获了中国竹子之乡、中国山核桃之都、全国绿色小康县、国家森林城市、全国现代林业示范市等称号。2009年，全市实现林业行业社会总产值54.9亿元，农民人均纯收入达到10735元，其中50%来自林业收入(国家林业局，2010)。

临安有着"九山半水半分田"的地域条件，从20世纪80年代开始实行林权制度改革，经历了林业"三定"、延长山林承包期和全面深化林权制度改革三个阶段。从21世纪初期开始，按照林业现代产权制度的要求，在浙江省率先开展了延长山林承包期、核发《林权证》的工作。全市共签订林地承包合同62579份，发放《林权证》79046本，有力推动了现代林业建设和区域经济发展。

截至2010年年底，临安市林权信息化建设任务基本完成，集体林地勘界宗地33194个，面积达25.07万 hm² 以上，勘界清册等内业资料基本完成交接；主体改革进展较为顺利，全市集体林地明晰产权面积达 18.26 万 hm²，占集体林地总面积的 72%，一、二类乡镇基本完成明晰产权改革任务，三类乡镇的明晰产权率也达到了 65%；林权抵押贷款增量扩面工作成效显著，全年累计新发放贷款达 1.48 亿元，签订贷款合同覆盖了全市 19 个乡镇（街道）（浙江省林业厅，2012）。

3.5.2   研究目的与方法

3.5.2.1   研究目的

林改的目的不应只是单纯的分山分林，而更应该侧重于促进林业生产的发展，使农户增收，提高其生活质量。同样的，此次在浙江省临安市的问卷调查，并不只是将目光集中于集体林权制度改革对环境的影响方面，而是希望通过分析二者之间的相互作用进一步研究环境的变化如何影响农户对林改的态度，以及对林业的投入。本研究中的问卷分析部分将着重研究这一点，以期为相关决策提供依据。

3.5.2.2   研究方法

研究主要采取问卷调查的方法。问卷分为三部分，第一部分是被调查农户的基本情况，包括性别、年龄、家庭人口数、家庭年均收入以及文化程度；第二部分涉及农户对林改的态度和林改前后对林业投入的变化；第三部分从林改前后生物多样性、水土保持、净化空气、森林碳汇（森林蓄积）、森林旅游、水源涵养的变化这六个角度诠释集体林权制度改革对环境的影响。

问卷调查以随机抽样的方法从临安市选取镇、乡、村和农户，最终的调查范围确定为临安市周边的乡村和龙岗镇林坑村农户，调查户数为 379 户，有效问卷368 份，有效率达 97.1%。

研究采用 SPSS 统计软件，首先对问卷各部分进行描述性统计分析；随后在有关假设前提下，以问卷第三部分六个方面问题为自变量，问卷第二部分两个方面问题为因变量，分别进行 Logistic 回归分析，研究林改前后环境的影响变化以及它们怎样影响农户对林改的态度和对林业的投入。

3.5.3   问卷分析

3.5.3.1   描述性统计分析

有效调查问卷共 368 份，其中男女农户比率约为 1:1.2，问卷第一部分农户基本情况见表 3-9。若以 35 岁为界限，随机抽取的 35 岁以下的被调查者仅占总人数的 13.1%，这可能与青少年在学校读书、年轻人外出打工有关。如图 3-3，随着年龄增加，被访问的人数逐渐增多，55 岁以上人数最多。

表3-9 农户基本情况表

项目	分类	人数(人)	百分比（%）
性别	男	170	46.20
	女	198	53.80
年龄	≤18	5	1.40
	18~25	14	3.80
	25~35	29	7.90
	35~45	55	14.90
	45~55	120	32.60
	≥55	145	39.40
文化程度	小学及以下	103	28.00
	初中	168	45.70
	高中/中专	78	21.20
	大专	7	1.90
	本科以上	12	3.30
家庭年均收入	≤1万	21	5.70
	1万~2万	43	11.70
	2万~3万	81	22.00
	≥3万	223	60.60

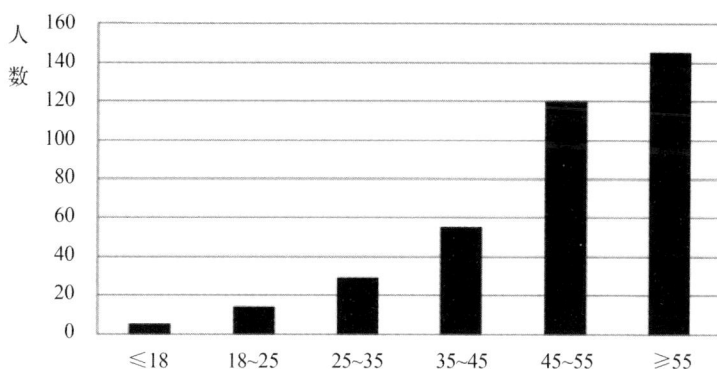

图3-3 被调查者年龄构成图

从表3-9可以看出，受访者的文化程度以初中居多，占总人数的45.7%，接近一半；其次为小学及以下，高中或中专；大专和本科及以上人数最少，仅占总

人数的 5.2%，如图 3-4。家庭年均收入大于 3 万的受访者最多，占总数的
60.6%；年均收入在 1 万左右的家庭仅占 17.4%，这种家庭大多家庭人口数较
少且以务农为生，如图 3-5。

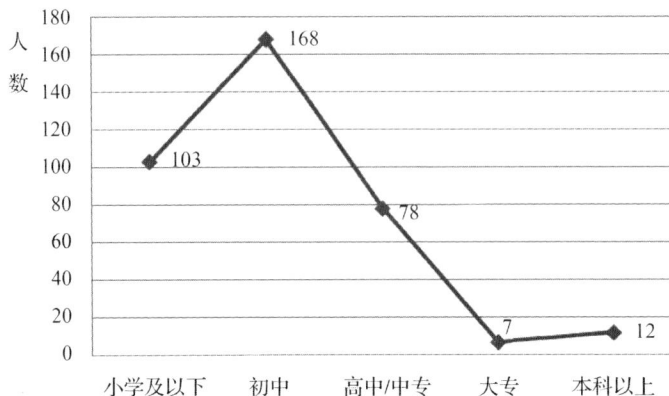

图 3-4　被调查者文化程度构成图

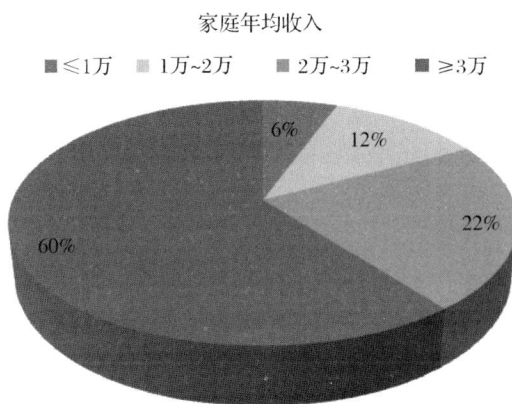

图 3-5　被调查者家庭年均收入构成图

3.5.3.2　Logistic 回归分析

在做 Logistic 回归分析之前，先对问卷第三部分的调查结果做一个简单的分
析。对于林权改革对环境的影响的 6 个方面内容中，368 份问卷中农户认为每一
方面内容的受影响程度"下降""无变化""稍有增加""增加"以及"增加很大"的人
数占总人数的统计比例见表 3-10。

表3-10 林权改革对环境影响统计分析比例

变 化	生物多样性	水土保持	净化空气	森林碳汇	森林旅游	水源涵养
下降(%)	23.90	19.60	16.60	17.90	3.80	28.30
没变化(%)	31.50	34.50	31.50	44.80	52.20	28.80
稍有增加(%)	25.50	31.50	32.30	21.20	19.00	29.10
增加(%)	16.80	12.20	14.10	14.70	17.90	11.40
增加很大(%)	2.20	2.20	5.40	1.40	7.10	2.40

如图3-6，该分段条图将表3-10中的数据更直观的展现出来。从图3-6可见，认为环境受影响程度增加很大的人数在6个影响方面中均较少，认为环境无任何变化的人数均较高，说明受访者接受问卷调查的态度较为保守、谨慎，且环境受林权制度改革影响的程度短时期之内并没有太大幅度的变化。

认为森林旅游受影响程度无变化的比率是6个方面影响当中最高的，在问卷调查时了解到龙岗镇林坑村当地并没有开展森林生态旅游，所以到当地旅游的人较少，选择"无变化"；同时选择森林旅游增加很大的人数是6个方面里最多的，选择"下降"是6个影响方面里最少的，这是由于临安境内有天目山和清凉峰两处国家级自然保护区和青山湖国家级森林公园等生态旅游景点，随着近几年人们对森林生态旅游的热情的高涨，到此旅游的人也会逐年增加。

认为水质下降的人数在6个影响方面中也是最高的。这主要是由于近几年临安市建立了较多笋干竹、山核桃、茶叶种植、加工基地，从而减少了水源涵养林的种植面积，并出现了一大批食品加工厂排放污水较多，从而引起水质下降。

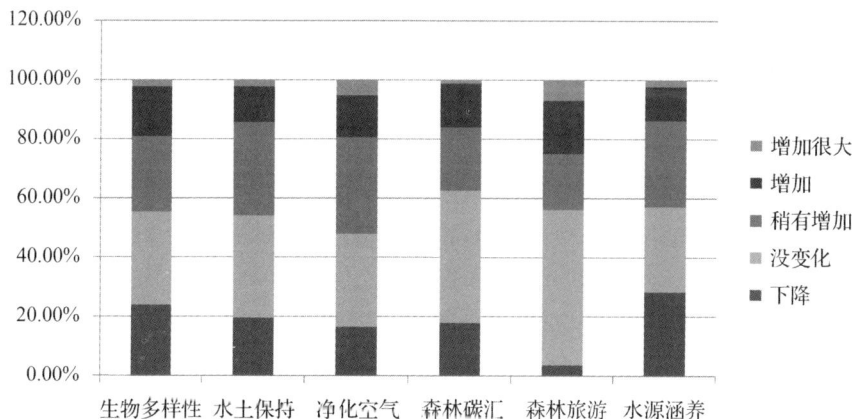

图3-6 林权改革对环境影响分段条形图

3.5.3.2.1　影响农户满意度的 Logistic 回归分析

将农户对林权制度改革的满意度设为因变量 Y，满意则 $Y=1$，不满意则 $Y=0$。假设林改对环境影响的 6 个方面，即对生物多样性、水土保持、净化空气、森林碳汇、森林旅游和水源涵养的影响分别为自变量 X_1、X_2、X_3、X_4、X_5、X_6，进行二分类变量的 Logistic 回归分析。如表 3-11，首先进行预分析，从表格中 Sig. 的取值可知，除了单独纳入变量 X_5 模型没有统计学意义外，其余变量模型都有显著的统计学意义。实际上，从调查情况看，X_5 与 Y 不相关也是符合当地实际情况的，在龙岗镇林坑村森林生态旅游并没有因为林改而发展起来。临安市周边的一些国家级自然保护区和森林公园的旅游发展也与林改没有关系。因此，在此次问卷调查的地域范围内，森林旅游的影响程度与农户是否对林改满意无关。

表 3-11　农户满意度的 Logistic 回归分析

变量	得分	df	Sig.
X_1	28.389	1	0.000
X_2	65.890	1	0.000
X_3	58.322	1	0.000
X_4	78.296	1	0.000
X_5	1.143	1	0.285
X_6	8.229	1	0.004
总的统计量	104.382	6	0.000

表 3-12 进一步给出 -2 倍的似然比的对数值和两类决定系数。从数据上看，模型预测的准确程度一般。

表 3-12　农户满意度的 Logistic 回归分析的 -2 倍的似然比的对数值

步骤	-2 倍的似然比的对数值	Cox & Snell R^2	Nagelkerke R^2
1	386.298	0.279	0.373

表 3-13 是 Logistic 模型的拟合结果，从表中的 Sig. 值可以看出，变量 X_1、X_3、X_5、X_6 的系数没有显著的统计学意义，变量 X_2、X_4 的系数显著，并具有统计学意义，且常数项为 -3.398，X_2 的系数为 0.699，X_4 的系数为 0.966。因此，得到的回归模型为：

$$\pi = P(Y=1 \mid X_2 = x_2, X_4 = x_4) = \frac{e^{-3.398+0.699x_2+0.966x_2}}{1+e^{-3.398+0.699x_2+0.966x_2}} \qquad (3\text{-}1)$$

也即

$$\log\left(\frac{\pi}{1-\pi}\right) = -3.398 + 0.699x_2 + 0.966x_4 \tag{3-2}$$

其中 π 是 $Y=1$ 发生的概率，即农户对林改是否满意的概率。

根据回归模型进一步计算相关概率见表 3-14。

表 3-14　根据回归模型计算的农户对林改是否满意的概率

变量	B	S. E.	Wald	df	Sig.	Exp(B)
X_1	0.126	0.144	0.765	1	0.382	1.134
X_2	0.699	0.185	14.288	1	0.000	2.011
X_3	0.110	0.181	0.372	1	0.542	1.117
X_4	0.966	0.175	30.530	1	0.000	2.627
X_5	-0.119	0.132	0.810	1	0.368	0.888
X_6	-0.248	0.134	3.441	1	0.064	0.780
常数项	-3.398	0.537	39.990	1	0.000	0.033

从表 3-14 中的结果可以看出：集体林权制度改革之前，主要以木材采伐，即"靠山吃山"方式谋生是一些贫困山区村民的唯一生存方式，其结果造成部分山林过量采伐，森林质量下降，并带来的是水土流失、山体滑坡，生态环境恶化。林权改革后，新的林权证发放到农户手中，农民有了保护森林生态环境的意识，乱砍滥伐的现象明显减少，植树造林积极性也大幅提高，森林面积增加，森林质量也得到一定的改善，水土保持的能力也明显提高。

水土保持是山区发展的生命线。良好的森林生态系统能够很好地截留降水、改良土壤理化性质，增强土壤肥力，固碳供氧，吸收污物，净化空气和防风固沙，也为生物多样性的提高提供了环境条件。水土保持能够有效地改善农业生产基础条件，并促进农民增产增收。森林面积增加会使得森林生态系统更趋稳定，而生态系统的稳定又为农民生存条件和生活质量的提高提供了保障，二者相辅相成。因此，森林面积的增加以及森林水土保持功能的增强，也间接地影响了农民对林改的满意程度。

3.5.3.2.2　影响农户林业投入的 Logistic 回归分析

将林改前后农户对林业的投入变化设为因变量 Y，投入增加则 $Y=1$，无变化则 $Y=0$。与上相同，设林改对环境影响的 6 个方面分别为自变量 X_1、X_2、X_3、X_4、X_5、X_6，并进行二分类变量的 Logistic 回归分析。其预分析的过程见表 3-15 所示。从表 3-15 中 Sig. 的取值可知，除了变量 X_5 纳入模型没有统计学意义外，其余变量模型都有显著的统计学意义。实际上，从短期来看，林改前后森林旅游受影响的程度不会有太大幅度的变化，也不会影响农户对林业的投入。

表 3-15   影响农户林业投入的 Logistic 回归分析

变量	得分	df	Sig.
X_1	14.898	1	0.000
X_2	17.751	1	0.000
X_3	21.245	1	0.000
X_4	42.893	1	0.000
X_5	1.127	1	0.288
X_6	12.010	1	0.001
总的统计量	46.849	6	0.000

同上，表 3-16 给出 -2 倍的似然比的对数值和两类决定系数。从计算结果来看，模型的拟合度一般。

表 3-16   影响农户林业投入的 Logistic 回归分析的 -2 倍的似然比对数值

步骤	-2 倍的似然比的对数值	Cox & Snell R^2	Nagelkerke R^2
1	458.338	0.126	0.168

表 3-17 是 Logistic 回归模型的拟合结果，从表中的 Sig. 值可以看出：变量 X_1、X_2、X_3、X_5、X_6 的系数没有显著的统计学意义。回归模型的常数项为 -2.387，变量 X_4 的系数为 0.650，与 Y 呈正相关。因此，得到的回归模型为：

$$\pi = P(Y = 1 \mid X_4 = x_4) = \frac{e^{-2.387+0.65x_4}}{1 + e^{-2.387+0.65x_4}} \tag{3-3}$$

也即

$$\log\left(\frac{\pi}{1-\pi}\right) = -2.387 + 0.65x_4 \tag{3-4}$$

其中 π 是 $Y = 1$ 发生的概率，即林改后农户对林业投入增加的概率。

表 3-17   影响农户林业投入的 Logistic 回归模型的拟合结果

变量	B	S.E.	Wald	df	Sig.	Exp(B)
X_1	0.120	0.127	0.881	1	0.348	1.127
X_2	0.098	0.160	0.377	1	0.539	1.103
X_3	0.017	0.159	0.011	1	0.916	1.017
X_4	0.650	0.146	19.786	1	0.000	1.916
X_5	-0.075	0.117	0.411	1	0.522	0.928
X_6	0.097	0.116	0.705	1	0.401	1.102
常数项	-2.387	0.458	27.204	1	0.000	0.092

对于上述 Logistic 回归分析得出的结果，可以解释为森林面积的变化正向影响农户对林业的投入，即随着森林面积的增加，农户对林业的投入也将增加（包括劳动力投入和资金、化肥等其他要素投入）。因此，根据上述分析结果，集体林权制度改革后，农户的森林保护意识增强，乱砍滥伐的现象减少，植树造林活动增加，森林面积也会增加，因而对林业的投入及管理也会随之增加。

3.5.4 结 论

集体林权制度改革涉及千家万户的农户，是关系到林业的长期发展与农村社会和谐、稳定的重要课题。集体林权制度改革对环境的影响程度，必然也与农户生存生活的环境息息相关。

通过对浙江省临安市的实地问卷调查分析发现：

（1）森林面积与水土保持存在正向的影响关系，并且二者正向影响农户对集体林权制度改革的满意度，即森林面积增大，森林水土保持功能在一定程度上增强，相应的农户也会对林改的满意度上升。

（2）林改之后森林面积的变化也正向影响农户对林地的投入，即森林面积增大，则农户更愿意对林地增加投入，这些投入包括劳动力、资金、化肥等其他要素的投入。

3.6 福建省林权改革对环境影响的调查研究

3.6.1 研究背景、目的

2003 年 6 月，中共中央、国务院发布了《关于加快林业发展的决定》（以下简称《决定》），正式提出了对林业进行改革，标志着 20 世纪 80 年代前期林业"三定"之后新的一轮林业改革的展开。此次新一轮的集体林权制度改革首先在几个省进行了试点。其中福建、江西和辽宁是首批进行试点的省。这次集体林权制度改革的目的是增强林业发展活力，改变过去集体林"有人砍伐、无人管理、更无人种植"的局面，使林业资源得到更加合理有效的利用。其目标是到 2010 年，基本完成以农民家庭承包经营为主体，以明晰林木所有权和林地使用权、放活经营权，落实处置权，确保收益权为主要内容的改革任务。《决定》显示出，在"国家视角"的关注下，经济收益与生态保护成为林业最突出的两大价值。就国家总体而言，林业当前正处在一个从木材生产为主向生态建设为主的重要转折时期，生态需求已成为社会对林业的第一需求。

福建地处东南沿海，陆地面积 12.14 万 km², 海域面积 13.6 万 km², 属亚热带，气候温和、雨量充沛、光照充足、土壤肥沃，具有发展林业得天独厚的自然条件。山多林多是福建的一大特色和优势。全省山地面积约占土地面积的 80%，全省林地面积 914.81 万 hm²。第七次全国森林资源连续清查结果表明，福建省森林面积 766.65 万 hm²，森林覆盖率 63.10%，继续保持全国第一；活立木蓄积量 5.32 亿 m³，位居全国第七；竹林面积 99.31 万 hm²，列全国第一，毛竹总株数 19.73 亿株。人工林保存面积 359.2 万 hm²，列全国第五；人工林蓄积量 1.96 亿 m³，位居全国第一。2010 年，福建省林业产业总产值 1673.15 亿元，同比增长 13.6%，其中：第一产业 427.28 亿元，同比增长 6.9%；第二产业 1208.42 亿元，同比增长 16.2%；第三产业 37.45 亿元，同比增长 13.9%（谢志忠等，2007）。

2002 年 12 月，福建省省委、省政府出台《福建省加快人工用材林发展的若干规定》，明确提出实行林权制度改革。2003 年 4 月，省政府下发了《关于推进集体林权制度改革的意见》，提出用 3 年时间实现"山有其主、主有其权、权有其责、责有其利"为目标的集体林权制度改革。同年 5 月，省委、省政府召开全省集体林权制度改革会议，进行动员和部署。由此，一场被誉为"农村土地又一次深刻变革"的集体林权制度改革正式启动，福建成为全国第一个开展林权制度改革的省份（邢美华，2009）。

本研究通过对福建省三明市和永安市的实地调研，探讨林权改革后森林资源经营的改变对环境的影响，并为巩固改革成果，深化林权改革等提供有关建议和依据。

3.6.2   调查方法、数据资料收集

3.6.2.1   调查方法

3.6.2.1.1   重点调查

本研究选取福建省的三明市和永安市进行重点调查。重点调查，是指对某种社会现象比较集中的、对全局具有决定作用的一个或几个单位所进行的调查。重点调查的主要目的是对某种社会现象总体的数量状况做出基本估计，主要是定量调查，可以是直接调查，也可以是通过问卷、表格等方式进行间接调查（林登峰等，2010）。本研究根据三明市和永安市在福建省集体林权制度改革中的作用，确定其为重点调研的对象。

三明市属亚热带常绿阔叶林区，全市土地总面积 229.6 万 hm²，其中森林面积 178.6 万 hm²，森林覆盖率 76.8%，活立木蓄积量 1.15 亿 m³，为福建省的三分之一。森林资源丰富，是全国南方集体林区综合改革试验区，享有福建"绿色

宝库"的美誉，林木品种繁多，年提供商品材 200 万 m³，商品竹 2300 万根，松香 3.5 万 t，人造板 70 万 m³，纸及纸浆 60 万 t。20 世纪 80 年代中期，三明市按照"分股不分山、分利不分林"的办法，在全国首创林业股东会，被列为《中国农民的伟大实践》的典型之一。1988 年，国务院批准设立三明集体林区改革试验区，加快推进林业"资源、资金、资产、体制"综合配套改革（林登峰等，2010）。

永安市素有"金山银水"之称，地理概貌为"九山半水半分田"，林地面积 25.5 万 hm²，森林覆盖率 83.2%，木材蓄积量 2200 万 m³，居福建省第一位；竹林面积 6.68 万 hm²，农民人均占有 0.45 hm²，居全国之首，是中国笋竹之乡、竹子之乡。1999 年 7 月，永安市开展了以"明晰产权，分类经营，落实承包，保障权益"为主要内容的集体林经营体制改革，全面落实以家庭承包经营为主、多种形式并存的林业生产责任制。2003 年 8 月永安市全面启动集体林权制度改革，2004 年 5 月基本完成林改确权发证主体工程。2005 年 9 月，永安市在全省率先通过林改工作检查验收后，又大胆探索，先行先试，并于 2006 年 7 月全面铺开十一项深化林改的综合配套工作，进一步巩固和扩大了林改成果。

3.6.2.1.2 抽样调查

在重点调查的基础上，本研究对三明市和永安市的有关乡镇进行抽样调查。抽样调查是一种非全面调查，它是运用一定方法在调查对象总体中抽取一部分调查对象作为样本，并以对样本调查的结果来推断总体的方法（段绍光等，2010）。本研究根据随机原则来抽选样本，在三明市随机选取了上坪乡及上萍乡上坪村、中村乡及中村乡张坑村、莘口镇西际村、砂蕉村，在永安市随机选取大湖镇以及大湖镇下属岭岗村、益溪村进行调查。

3.6.2.2 数据资料收集

研究主要采取问卷调查的方法收集相关数据资料。

此次共发放问卷 320 份，回收有效问卷 296 份，问卷回收率为 92.5%。调查问卷设计分为以下几部分：①受访者基本情况；②对林改的态度；③林改对环境的影响。第一部分主要是受访者年龄、文化程度、家庭人口数、家庭年均收入等基本情况。通过询问受访者基本情况（林农、农民还是其他）、年龄、家庭人口数、家庭年均收入等来了解受访者的一些基本信息。第二部分通过直接询问受访者满意或者不满意，了解受访者对林权改革的态度。第三部分包括询问受访者林改前后对林业投入的变化，以及林改对环境的影响的大小。为了模拟一个令受访者感到真实的林改后与林改前对比的环境，问卷中采取询问受访者林改前后当地生物多样性、水土保持、净化空气、森林碳汇、森林旅游、水源涵养变化情况的方式来调查林改对环境的影响。

3.6.3　结果统计与分析

3.6.3.1　基本情况统计分析

3.6.3.1.1　性别和年龄

在受访者中，男性占45%，女性占55%。在年龄中，18岁以下的占3%；18～25岁占5%；25～35岁占13%；35～45岁占25%；45～55岁及55岁以上各占27%。

3.6.3.1.2　职业、学历和收入情况

在调查结果中，农民占84%，林农占10%，其他占6%（图3-7）。受访者中，71%是高中或中专学历，24%是大专学历，仅有5%为本科及以上学历（图3-8）。

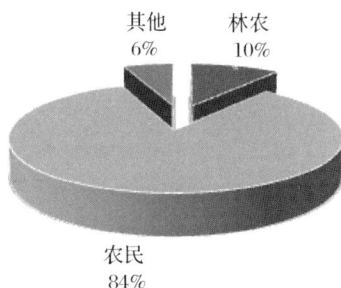

图3-7　受访者职业分布　　　　图3-8　文化程度分布

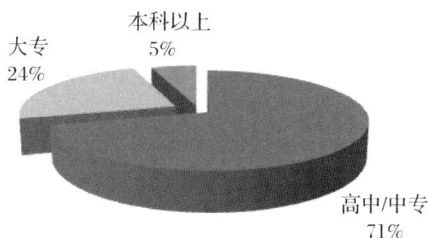

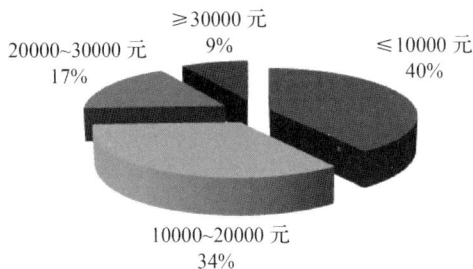

图3-9　受访者家庭年均收入情况

另外，在家庭年收入中，收入在10000元以下的占40%，34%的受访者家庭年收入在10000～20000元，17%的家庭年收入在20000～30000元范围内，30000元以上的仅占9%（图3-9）。

3.6.3.1.3　对林改的态度

在调查中，78%的受访者对林改表示满意，12%的受访者对林改不满意，还有10%的受访者为其他（图3-10）。因此，相当一大部分的受访者对林改持满意的态度。

3.6.3.1.4　林改前后对林业的投入

调查表明，53%的受访者认为林改后与林改前相比，对林业的投入有增加；33%的受访者认为没变化；10%的受访者认为增加很大；仅有4%的受访者认为

有所减少（图3-11）。

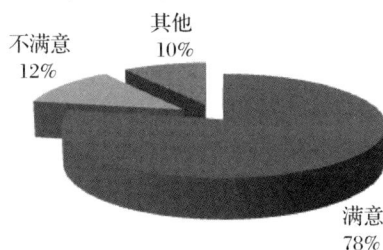

图3-10　对林改的态度

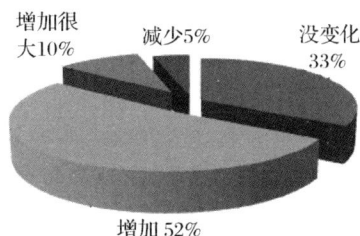

图3-11　林改前后对林业的投入

3.6.3.2　林改对环境影响的统计分析

林权改革对环境的影响的统计见表3-18。

表3-18　林权改革对环境的影响

项目	有变化	没变化	变化很大
生物多样性	0.6	0.35	0.05
水土保持	0.58	0.29	0.13
净化空气	0.52	0.41	0.07
森林碳汇	0.49	0.34	0.17
森林旅游	0.45	0.41	0.14

由表3-18可以看出，60%的受访者认为林改后当地的生物多样性有变化。58%的受访者认为林改后水土保持状况与林改前相比有变化。在受访者中，52%的受访者认为林改后与林改前对比空气质量有变化，41%的受访者认为没有变化。49%的受访者认为林改后的森林碳汇与林改前对比有变化，34%的受访者认为没变化。45%的受访者认为林改后当地的森林旅游有变化，而41%的受访者认为没变化，两者基本持平。

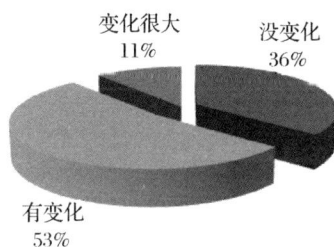

图3-12　林改对环境的影响

因此，调查表明，认为林改对环境有影响的占大多数，认为林改前后环境变化很大的占少数（图3-12）。

3.6.3.3　林改对环境影响的典型相关性分析

运用SPSS软件进行林改对环境影响的典型相关性分析。典型相关性分析（Canonical Correlation）由霍特林提出，是研究两组变量之间相关关系的一种多元统计方法。它能够揭示出两组变量之间的内在联系。首先在每组变量中找出变量的线性组合，使得两组的线性组合之间具有最大的相关系数。然后选取和最初挑选的这对线性组合不相关的线性组合，使其配对，并选取相关系数最大的一对，如此继续下去，直到两组变量之间的相关性被提取完毕为止。被选出的线性组合配对称为典型变量，它们之间的相关系数为典型相关系数(王星，2009)。

本研究将变量分为两组，第一组变量表示受访者的状况，有"家庭年均收入""文化程度""年龄""家庭人口数""林改后对林业的投入"；第二组表示受访者的态度和林改对环境影响的情况判断，主要有"对林改的态度""生物多样性""水土保持""净化空气""森林碳汇""森林旅游"。赋值 X_1 ="家庭年均收入"，X_2 ="文化程度"，X_3 ="年龄"，X_4 ="家庭人口数"，X_5 ="林改后对林业的投入"。同理，赋值 Y_1 ="对林改的态度"，Y_2 ="生物多样性"，Y_3 ="水土保持"，Y_4 ="净化空气"，Y_5 ="森林碳汇"，Y_6 ="森林旅游"。分析结果输出分别见表 3-19 至表 3-22。

表 3-19   典型相关系数

序号	典型相关系数
1	0.489
2	0.293
3	0.209
4	0.143
5	0.061

表 3-20   典型相关系数的显著性检验

序号	λ 统计量	卡方统计量	自由度	伴随概率
1	0.649	113.139	30.000	0.000
2	0.853	41.507	20.000	0.003
3	0.934	18.026	12.000	0.115
4	0.976	6.375	6.000	0.383
5	0.996	0.991	2.000	0.609

表 3-21   第一组典型变量的标准化系数

	1	2	3	4	5
X_1	0.194	-0.895	0.383	0.087	0.176
X_2	0.007	0.380	0.693	-0.594	0.517
X_3	0.011	0.349	1.005	0.274	-0.258
X_4	-0.312	0.153	-0.202	0.538	0.772
X_5	0.909	0.296	-0.165	0.271	0.096

表 3-22 第二组典型变量的标准化系数

	1	2	3	4	5
Y_1	0.448	0.301	−0.323	−0.040	−0.835
Y_2	0.396	−0.395	−0.701	0.382	0.470
Y_3	−0.399	0.300	0.139	0.140	−0.444
Y_4	0.264	0.815	0.091	−0.483	0.663
Y_5	0.042	0.087	0.506	0.978	−0.003
Y_6	0.479	−0.672	0.443	−0.475	−0.093

由表 3-19 可以看出,第一典型相关系数为 0.489,第二典型相关系数为 0.293。由表 3-20 可知,在 0.05 的显著性水平下,五对典型变量中只有第一对和第二对典型相关是显著的。

观察标准化的典型变量的系数来分析两组变量的相关关系。从表 3-21 中可以看出,来自基本情况指标的第一典型变量 V_1 和第二典型变量 V_2 为:

$$V_1 = 0.194 X_1 + 0.007X_2 + 0.011X_3 − 0.312 X_4 + 0.909 X_5$$
$$V_2 = −0.895 X_1 + 0.380X_2 + 0.349X_3 + 0.153 X_4 + 0.296 X_5$$

对于第一典型变量,X_5(林改后对林业的投入)的系数为 0.909,绝对值最大;对于第二典型变量,X_1(家庭年均收入)的系数为 −0.895,绝对值最大,反映出两个典型变量主要由林改后对林业的投入、家庭年均收入水平来决定。

同样,由表 3-22 可以看出,来自受访者态度指标的第一、第二典型变量 U_1、U_2 为:

$$U_1 = 0.448 Y_1 + 0.396 Y_2 − 0.399 Y_3 + 0.264 Y_4 + 0.042 Y_5 + 0.479 Y_6$$
$$U_2 = 0.301 Y_1 − 0.395 Y_2 + 0.300 Y_3 + 0.815 Y_4 + 0.087 Y_5 − 0.672 Y_6$$

在第一典型变量中,Y_6(森林旅游)的系数为 0.479,绝对值最大;第二典型变量中,Y_4(净化空气)的系数为 0.815,绝对值最大,说明这两个典型变量主要由森林旅游、净化空气影响来决定。

同时,由于第一对典型变量"林改后对林业的投入"和"森林旅游"的系数是同号的,都为正,反映两者之间的正向相关,即林改后对林业的投入越多,林改对森林旅游的影响也越大。对于第二对典型变量,"家庭年均收入"和"净化空气"的系数是异号,反映两者之间的负向相关,也即受访者家庭年均收入越低,他们会认为林改对空气质量的影响越小。

事实上,关于产权制度变迁与经济绩效的研究中,前人已经做过相关分析。林卿(2000)在关于农地制度与农业可持续发展的相关性研究中,认为在资源与技术既定的情况下，农地生产者行为方式的选择主要取决于生产者处于其中的制度所给予的激励与约束；周其仁（2002）从私人财产权利重建和身份自由两个方面分析了家庭承包经营制度的进步意义；杜润生（2003）的"重新发现家庭经营"命题证明，家庭经营制度适应了农业生产经营的特性；刘璨（2005）采用效率分析与案例比较分析方法，开展了社区林业制度绩效与消除贫困的研究（郑风田等，2009）。

综合以上研究，可以看出新一轮林权制度改革的基本假设前提是：以"四权"（所有权、经营权、处理权、收益权）同时落实为特征的集体林权制度改革能够提高森林资源经营的效益，尤其是能够对环境产生一定的影响。

本研究在林权改革环境影响问卷设计的基础上，通过福建三明市和永安市的调查研究，实证地说明了集体林权制度改革的环境影响，也即集体林权制度改革后，林农（农民）加大了对林业的投入，一定程度上导致了当地生态环境（生物多样性、空气质量、森林碳汇等）的改善，从而也带动了旅游等相关产业的发展。

3.6.4　结论与建议

林权制度改革有效调整了林区生产关系，为新农村建设提供了新的重要支撑。调查研究发现，福建三明、永安两市呈现出森林资源持续增长、生态功能持续增强的良好态势。林区的绝大部分林农（农民）（78%）对林权改革持满意的态度。从林改后对林业的投入变化以及当地林区的生物多样性、水土保持、净化空气、森林碳汇、森林旅游的变化分析来看，认为林权改革前后对环境有影响的占大部分。分析数据显示，集体林权制度改革后，林农（农民）对林业的投入与林改对于森林旅游的影响成正比，即对林业的投入越多，当地的森林旅游人数也越多。然而，林农（农民）的家庭年均收入和林改对空气质量的影响成负相关，也即家庭年均收入越高，调查者会认为林改对空气质量的影响越大。

因此，研究建议继续加大对林业的投入，科学编制森林经营规划和经营方案。依据分类经营的原则，科学确定当地的林业发展方向、目标、实现途径等，合理组织森林经营类型，科学确定培育目标和合理的采伐量，把营造、管护和利用的具体措施落实到山头地块，确保森林覆盖率不下降，森林蓄积量稳中有升，林种树种结构更加合理。另外，紧紧把握住林业、三农、生态建设、资源永续利用等方面的关键问题，继续调整林区生产关系，促进林农增收，生态环境的进一步改善。

3.7 山东省林权改革对环境影响的调查分析

3.7.1 引 言

随着改革开放的不断深入和社会主义市场经济体系的不断完善，我国林产工业不断发展，集体的统一经营与林业经济发展不相适应的矛盾日趋突出，集体林存在归属不清、权责不明、利益分配不合理、经营机制不活、产权流转不规范等问题，制约了林业生产的发展和林业增收（吴岚，2007）。为了解决林业发展面临的诸多问题，顺应林区广大林农改革林权制度的呼声，激发林农和各种社会力量投身林业建设的积极性，解放和发展林业生产力，实现经济社会的持续健康发展，2003 年，中共中央、国务院做出了《关于加快林业发展的决定》，明确了集体林产权制度改革的方向。福建、江西、辽宁等省率先进行了大胆探索和实践，开展了以"明晰产权，放活经营权，落实处置权，保障收益权"为主要内容的集体林权制度改革。从 2009 年开始，山东临沂市政府积极响应党和国家的号召，在其管辖区内选择试点开展集体林权制度改革（张颖等，2012）。

本研究选取山东临沂市小山口村、魏城村和南埠庄铺三个林权改革试点村作为调查对象，通过使用描述统计、交叉列联表分析和 Ridit 分析，分别从林权改革的方式、林改后在经济和环境方面引起的变化及林权流转三个方面展开调查，从而对临沂市林权改革情况进行分析和总结，并提出相关建议，为临沂市以及其他地区深化林权改革等提供参考和依据。

3.7.2 临沂市基本概况及林改情况

临沂市位于山东省的东南部，人口约为 1142 万人，总面积 17184km²，是山东省面积最大和人口最多的地级市。根据当地森林资源调查数据，该市现有林地面积 5120km²，其中集体林地 3320km²，占全市林业用地面积的 65%，山地丘陵占国土面积的三分之二，山区是全市经济社会发展最薄弱的环节，山林是保持生态和促进农民致富的宝贵资源。

2009 年，在党和国家政策的号召下，临沂市开始进行集体林权制度改革，并于同年在蒙阴县和费县首先开展林改试点工作，计划于 2009 年完成主体试点改革任务。据统计，2 个试点县共有 2040 个村参加林改，纳入集体林改林地面积 520km²，已完成林改面积 470km²，已改面积占应改面积的 90.3%，完成勘界确权面积 470km²，宗地 19452 份。2010 年年初临沂市政府决定在全市范围内展开集体林权制度改革，并于年底基本完成主体改革任务。到 2013 年，通过进一步完善配套政策，健全服务，规范管理，逐步建立起"产权归属清晰、经营主体到位、责权划分明确、利益保障严格、流转规范有序"的集体林业现代产权制度（刘璨等，2006）。

3.7.3　基于三个村的调查结果分析

通过与临沂市政府的沟通，在随机抽样的基础上，选取了小山口村、魏城村、南垛庄铺村这三个在林改中具有一定代表性，且林改工作开展时间较长的村作为本次调查研究的对象。其中，小山口村现有 139 户，442 口人，集体林地 1.733km²，土地贫瘠难以开发，村里的 1.733km² 林地均为公益林，主要种植侧柏、刺槐和火炬树；魏城村目前有 465 户，1630 口人，水利资源较丰裕，土壤肥沃，村民主要以种植果树和核桃作为主要经济来源；南垛庄铺村共有六个村民小组，480 户农户，全村有林业用地 1.35km²，其中商品林 0.77km²，公益林 0.583km²，在商品林中以种植板栗、山楂树、杨树和核桃树为主。

本次调查以问卷调查和走访调查相结合的方式进行，主要包括村级问卷、农户面谈和相关部门及人员的访谈。具体的调查时间为 2011 年 11 月 13 ~25 日。

根据本次调查的性质和统计需要，共发放调查问卷 500 份，回收有效问卷 473 份，其中小山口村、魏城村、南垛庄铺村回收的有效问卷分别为 167、182 和 124 份。在全部的有效问卷中，被调查者主要以林农为主，占到 72%，其次为农民，占 27%，其他身份占 1%。从性别、年龄、家庭年均收入、文化程度等背景信息来看，被调查者以女性居多，超过了六成（61.23%）；年龄在 35 ~55 岁之间的占 58.51%，大于 55 岁的占 25.1%，小于 35 岁的占 16.4%，这表明此次被调查者以中青年人为主；调查显示受访者的家庭年均收入普遍较低，其中收入在 2 万 ~5 万元的占 42.5%，1 万 ~2 万元的占 39.5%，小于 1 万元的占 16%，仅有不到两成（1.9%）的被调查者的家庭年均收入大于 5 万元。此外，被调查者的文化程度普遍不高，其中近九成（88.9%）的被调查者是初中及以下学历，受到大专及以上教育的只占 1.5%。

研究一项政策实施效果的好与坏，需要从政策实施的方式、人们的态度和认知、政策实施后带来的影响等方面进行分析（孙妍等，2006）。所以本研究通过使用 SPSS 软件对 473 份有效问卷进行统计分析，并结合入户时的访谈资料，经统计分析后，得到三个方面的结果。

3.7.3.1　林权改革方式及村民的态度

对于林权证的发放形式的了解主要是采取村民面谈和干部访谈的形式进行。经调查了解，由于小山口村的集体林均属于公益林，所以在林权证的发放上，小山口村采取的"分股不分山"的方法，即在林地归属权的划分上，并不是真正地将山里的林地划分成一小份一小份，分到每个村民的手中，而是采取股份制，按人口一人一股，随后每家发放一个股权证，按照每家的人口数，在股权证上标明股份，由集体共同管理村里的林地，当村里的林地产生经济效益时，村里的规定是每一股所获得的经济利益均采取四六分账，即村集体占四成，个人占六成；在魏城村，当地村民基本以种植果树为生，林改之前的林地基本采取承包制，各家各户都有承包的土地，在尊重传统的原则上，该村的林权划分按照原有的承包制度，在各家各户所承包的林地范围内补发林权证；在南垛庄铺村，林改前村里的公益林已经有 13 户承包，商品林由 136 户承包，林权改革之后，原有承包户仍然继续承包其林地，补发林权证，公益林由专职护林人员看护，公益林的护林费不参与分配，作为专职人员的报酬。除已被承包外的其余林地通过召开代表大会，当场采取抓阄的形式进行林权证的发放，村民自主决定种植的种类，村民除了交承包费之外，收益全部归自己所有。

在被问及对这样的林改方式是否满意时，有 98.5% 的被调查者表示满意，1.27% 的人持其他态度，只有 0.21% 的被访者表示不满意，这反映出林改已普遍被村民所认同和接受，具体见表 3-23。

表 3-23 对林改方式的态度

对林改的态度	满意	不满意	其他
百分比	98.5%	0.21%	1.27%

3.7.3.2 林改对经济和环境产生的影响

（1）经济方面的影响

在经济上的影响，本文主要关注林改后，村民们对林业的投入和村民的收入是否有变化。从表 3-24 中可以看到，超过 90% 的被调查者表示在林改后对林业的投入有增加或增加很大，而仅有 8.7% 的人表示对林业的投入无变化；此外，有 25% 的被调查者认为林改后收入较之前有较大的增加，63% 人觉得有增加，仅有 12% 的人表示收入没有变化。这样的结果反映出林权改革后，实行的家庭承包经营管理模式已充分调动起林农的造林、护林的积极性，加大了对林业生产活动的投入；同时，林地的经营权下放后，很多村民在自己获得的林地上种植果树、杨树等，带来了更多林产品收入，从而在不同程度上增加了村民的收入，这也会再次激发村民营林、护林的积极性，从而增加他们对林业的投入。

表 3-24 林权改革对经济方面产生的影响

林业的投入、收入情况	下降	无变化	有增加	增加很大
对林业的投入的变化	0	8.7%	53.29%	38%
收入变化	0	12%	63%	25%

为探究村民的一些背景因素是否会影响他们对林业的投入程度，本研究还采用列联相关分析的方法，引入卡方检验来分析被调查者的基本情况、所属村庄、性别、年龄、文化程度、家庭年均收入等 6 个因素与林改后林业投入变化的关联性。

在列联分析中，卡方分析可以检验两个变量是否有关，且卡方检验的原假设是行变量与列变量是独立的。首先对各背景因素与林业投入分别进行卡方检验，并取显著性水平 $\alpha = 0.05$。具体的检验结果见表 3-25。

表 3-25   受访者的背景因素与林业投入的卡方检验

背景因素	身份	文化程度	性别	年龄	家庭年均收入
卡方检验值	0.000	0.142	0.200	0.151	0.000

从表 3-25 中可以看出，在 5 个背景因素中，身份及家庭年均收入对林业投入有显著相关性，其他 3 个背景因素与林业投入之间是相互独立的。因此，对身份和家庭年均收入与林业投入再进行交叉列联表分析。

从表 3-26 和图 3-13 中可以看到，林改后，林农中增加对林业投入的比例比农民的相应比例要高，尤其林农中对林业投入增加很大的比重比农民高了约 40 个百分点，表明林农相对于农民，对林改后造林、护林的重视程度更大。分析其原因，可能是因为林农的经济来源就是主要林业上的收入，当进行林权改革后，林农获得了林地的经营权及相应的处置权后，从心里对林地有了更多的归属感，为了提高自己的收入，更愿意也更积极地增加对林业的投入；而对于农民来说，林业收入只是他们的一部分副业收入，林权的下放虽然能使他们也获得相应的权利，但是他们的投入重心仍然在农业上，虽然他们对林业的投入也有增加，却不如林农那么多，营林、护林的积极性也不如林农高。

表 3-26   身份与对林改后林业投入变化的交叉列联表

身份	林改后对林业的投入			合计
	没变化	有增加	增加很大	
林农	18	95	225	338
农民	22	81	26	129
其他	1	3	0	4
合计	41	179	251	471

从表 3-27 和图 3-14 可以看出，家庭年均收入不同的被调查者对林业投入的变化有显著的差异。其中，在 2 万 ~5 万元收入的被调查者中对林业投入增加很大的比重远高于其他收入状况的被调查者，同时收入小于 1 万或大于 5 万的调查者中对林业的投入无变化的比重较其他收入者的相应比例要高出约 10 个百分点。这说明对中等收入的村民来说，他们在从事林业生产活动上比高收入或低收入者的

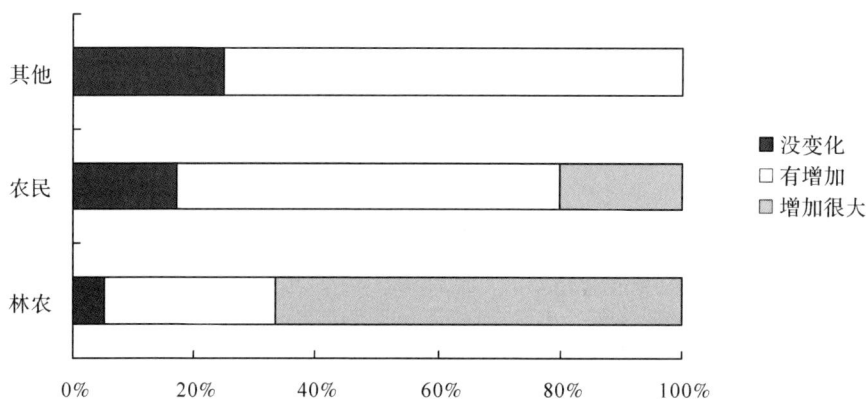

图3-13 不同身份在林改后对林业投入的变化情况

投入程度更大，也更愿意在林业上花更多的精力和金钱。

表3-27 家庭年均收入与林改后对林业的投入的交叉列联表

家庭年均收入	林改后对林业的投入			合计
	无变化	有增加	增加很大	
≤10000 元	13	35	27	75
10000～20000 元	13	90	81	184
20000～50000 元	13	46	140	199
≥50000 元	2	5	2	9
合计	41	176	250	467

（2）环境方面的影响

在环境影响上，本研究主要关注生物多样性、水土保持、净化空气、森林碳汇、森林旅游及水源涵养 6 个方面的影响。从表 3-28 可以看到，有 90.5% 的受访者认为林改后生物多样性有不同程度的增加，92.4% 的人认为水土保持方面有不同程度的好转，94.3% 的人认为空气质量有不同程度的提高，森林碳汇有 95.4% 的人认为有不同程度的增加，91.7% 的人认为去当地进行森林旅游的人有不同程度的增加。此外，有 94.5% 的人觉得水源涵养也有不同程度的改善。

此外为探究林改后，对环境的影响哪方面最大，本研究使用 Ridit 法来进行分析（水延凯等，2003）。首先将问卷中村民对环境 6 个方面的影响的回答进行统计，可以得到表 3-29 的结果。随后将合计的 2827 个回答结果作为参照组，以各方面环境影响的回答结果（1～6 组）作为比较组，参照组的 Ridit 得分的计算步骤见表 3-30 所示，其中表 3-30 中最后一行为各类顺序 Ridit 得分值。

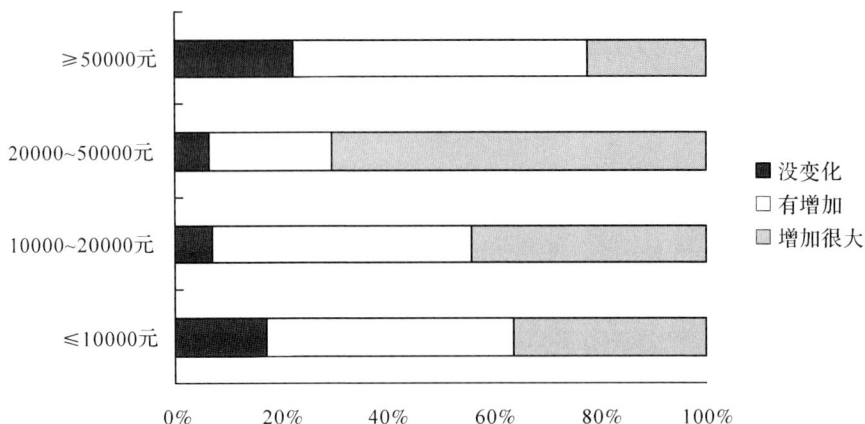

图 3-14   家庭年均收入不同的被调查者林改后林业投入的变化情况

表 3-28   林权改革对环境产生的影响

对环境的影响	下降	没变化	稍有增加	增加	增加很大
生物多样性	0.2%	9.3%	14.6%	35.8%	40%
水土保持	0.6%	7%	13.8%	39.6%	39%
空气净化	0.2%	5.5%	11.2%	31.4%	51.7%
森林碳汇	0.4%	4.2%	10.8%	51.9%	32.6%
森林旅游	0	8.3%	18.9%	53.6%	19.3%
水源涵养	0.8%	4.7%	12.7%	27.3%	54.4%

表 3-29   林改对环境影响的调查结果

组别	总数	下降	无变化	稍有增加	增加	增加很大
生物多样性	472	1	44	69	169	189
水土保持	470	3	33	63	187	184
净化空气	471	1	26	52	148	244
森林碳汇	471	2	20	51	245	153
森林旅游	471	0	39	88	253	91
水源涵养	472	4	22	60	129	257
总问题回答数	2827	11	184	383	1131	1118

表 3-30   参照组的 Ridit 计算步骤

步骤	下降	无变化	稍有增加	增加	增加很大
（Ⅰ）合计数	11	184	383	1131	1118
（Ⅱ）合计数/2	5.5	92	191.5	565.5	559
（Ⅲ）累积	0	11	195	578	1709

（续）

步骤	下降	无变化	稍有增加	增加	增加很大
（Ⅱ）+（Ⅲ）	5.5	103	386.5	1143.5	2268
$R=[（Ⅱ）+（Ⅲ）]/2827$	0.002	0.036	0.137	0.404	0.802
合计	0.021	6.704	52.363	457.481	896.931

从表 3-30 最后一行合计项求得总数为 1413.5，可以证实参照组平均 Ridit 值 $\overline{R}=0.5$。取 $\alpha=0.05$，则根据公式 $\overline{R}_i \pm 1/\sqrt{3O_i}$（其中 O_i 为第 i 组的响应数），可得出 $\overline{R}$ 的 95% 置信限为 0.5 ± 0.011（$0.489 \sim 0.511$），将表 3-29 中第一组即生物多样性的 472 个调查回答结果做比较，见表 3-31。

表 3-31 生物多样性调查结果的 Ridit 计算结果

等级	（1）	（2）	（3）
下降	1	0.002	0.0019
无变化	44	0.036	1.6031
稍有增加	69	0.137	9.4335
增加	169	0.404	68.3592
增加很大	189	0.802	151.6279
合计	472		231.0256

其余各项 Ridit 得分计算与生物多样性类似，则求得林改后对生物多样性影响的平均 Ridit 得分为：$\overline{R}_1=0.49$，其 95% 可信限为 0.49 ± 0.027（$0.463 \sim 0.517$）。由于 $\overline{R}_1 < \overline{R}$，可认为第一组即生物多样性的改善效果较参照组要差，但又由于其 95% 置信限与参照组相交叠，因此，该差距在统计上并不显著。

用相同方法可求得水土保持、净化空气、森林碳汇、森林旅游、水源涵养的平均 Ridit 值及 95% 置信限依次如下：

$\overline{R}_2=0.50 \pm 0.027$（$0.473 \sim 0.527$），$\overline{R}_3=0.56 \pm 0.027$（$0.533 \sim 0.587$）

$\overline{R}_4=0.49 \pm 0.027$（$0.463 \sim 0.517$），$\overline{R}_5=0.40 \pm 0.027$（$0.373 \sim 0.427$）

$\overline{R}_6=0.57 \pm 0.027$（$0.543 \sim 0.597$）。

Ridit 分析的结果也可用图来表示，图 3-15 表示了不同组 Ridit 值的置信区间，由图 3-15 可看出净化空气、水源涵养的平均 Ridit 值均在参照组的上方，且其 95% 置信限皆不与参照组相交叠，说明林改后对净化空气、水源涵养的改善较参照组要好，且这个差别是显著的；森林旅游的平均 Ridit 值在参照组的下方，其 95% 置信限也不与参照组相交，表明林改后对森林旅游的改善相对参照组要差，且这个差距同样是显著的；生物多样性、水土保持和森林碳汇的平均 Ridit

值的95%置信区间均与参照组相交，说明这三个组和参照组的差异不大。

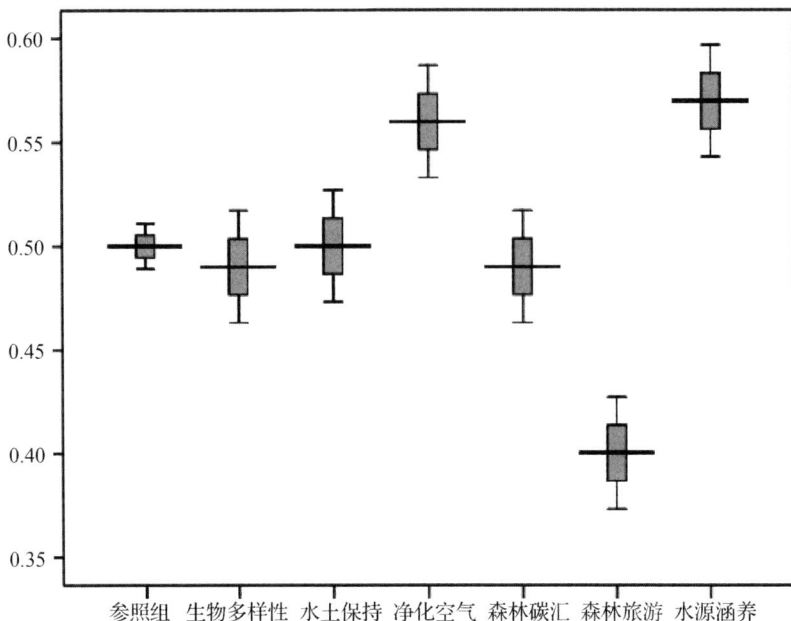

图 3-15　不同组的 Ridit 值的置信区间

由以上分析可知，就林改后对6个方面的环境影响而言，林权改革对净化空气、水源涵养两方面的改善最好，对生物多样性、水土保持和森林碳汇方面的改善差异不大，而对森林旅游的改善相对其他较弱。

3.7.3.3　林权流转

在林业产权制度改革的目的中，最重要的一点是如何把资源变为资本，最大限度地发挥林权证的效益，通过有偿流转，实现生产要素的优化配置。目前在我国，林权流转主要包括林地承包经营权人的林地承包经营权、林木所有权流转和集体经济组织的林地经营权、林木所有权的流转。林权流转的方式包括转包、出租、转让、互换、入股、抵押等方式。

本次研究就村民对林权流转的了解程度和认知程度展开了如下3个方面的调查。即：①是否知道林权证可以流转（即进行抵押、转包、出租等）；②你知道林权在流转时大概需要经过哪些流程；③如果可能的话，您是否愿意将林权证进行流转（即抵押、转包、出租等）。

从图3-16和图3-17可知，在所有受访人群中，仅有18%的人知道林权证可以流转及流转的具体方式，有35%的人对此稍有了解，超过45%的人表示对此不清楚；在对林权证的流转知道或稍有了解的受访者中，有23%的人表示知道具体林权流转需要经过哪些环节，28%的人对此稍有了解，将近50%的人表示不清楚。这说明在三个村的林改调查中，大部分的村民对拥有林权证后所获得的权利并不十分清楚甚至完全不清楚，在稍有了解和知道的村民中，也有超过半数以上的人不知道林权证具体的流转过程。

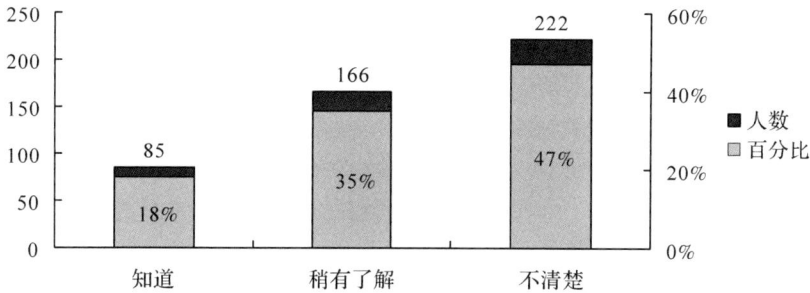

图 3-16 受访者对林权证流转的了解程度

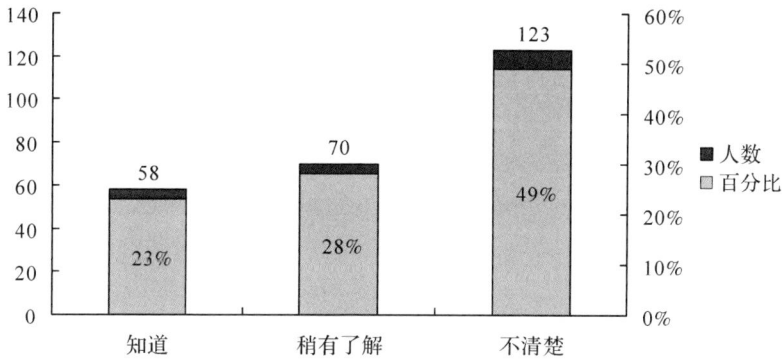

图 3-17 受访者对林权证流转环节的了解程度

由图 3-18 可知，当调查人员向受访村民详细解释林权流转的方式和流转时需要的环节后，有 30% 的村民表示可能的话，愿意将林权证进行流转，超过 40% 的人表示要看情况，有 28% 的人表示不愿意。表示要看情况的村民们认为国家的政策一直都在变化，今日不知明日事，还是先看看情况再说；而表示不愿意的村民普遍觉得土地乃是生存之本，关乎子孙后代的大事，是无论如何都不能动摇的。

3.7.4 结论和建议

通过对山东小山口村、魏城村、南垛庄铺村的调查结果的统计分析可以看出，在将近 3 年的林改工作中，临沂市政府取得了一定的成效，当然也存在着一

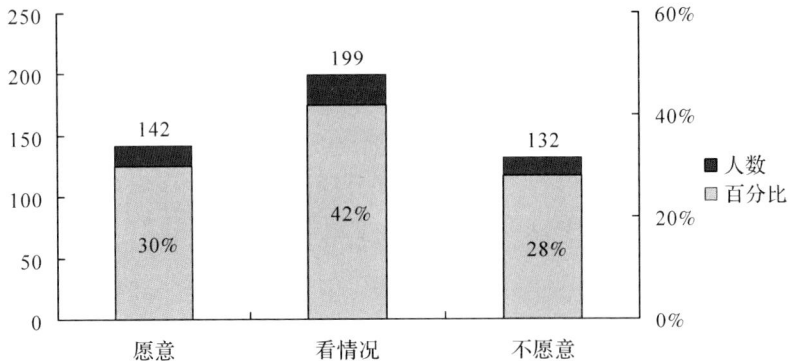

图 3-18　受访者对林权流转的态度

定的不足，具体表现如下：

（1）在临沂市的林改中，当地政府和干部始终坚持尊重实际、区别对待、灵活选择林权改革的方式的原则，受到广大群众的欢迎，让集体林权改革政策得以顺利实施，减少了纠纷，有利于社会安定，在今后的林权改革中应当继续保持，也是值得其他地方学习和借鉴的。

（2）集体林权制度改革后，林地的经营权、处置权的下放，充分调动了村民们造林、护林的积极性，由此给当地在经济上和环境上带来了一系列的变化。在经济上，绝大部分的村民收入有所提高，对林业的投入也较之前有了不同程度的增加，林农相较农民来说营林造林的积极性更高，投入更多，中高等收入的村民较低收入的村民在营林造林方面也投入的更多；在环境影响方面，当地在生物多样性、水土保持、水源涵养等 6 个方面均有不同程度的改善，其中以空气净化和水源涵养的改善效果最为明显。

（3）村民对于林权流转的概念、方式及流程认识不足，对当前的政策仍存在有一定的顾虑，尚无法实现林权在市场上的真正流转，做到盘活林地，有效利用林权的经济价值。如研究中关于林权流转问题的调查，明显可以看出很多村民对于林权流转不是很了解或根本不清楚它的作用和流转环节，且这一现象仍然比较普遍，这是目前临沂市林改中存在的一个较为严重的问题。

在接下来的林改工作中，当地政府应该在提高村民营林造林的积极性时，更加注重提升广大农民的积极性；在帮助村民营林、护林时，更应注重扶持低收入的村民开展各项林业活动，使所有的村民都能重视林业的生产和发展，增加对林业的投入，提高自身的经济效益，改善当地的环境，并朝着实社会－经济－环境三赢的目标努力。同时，还应加大力度宣传有关林权流转的知识、流程和实现方式，使村民们能更好地掌握林地的经营权，恰当地使用处置权，从而让林权改革政策得以更好地实施和落实。

3.8 辽宁省林权改革对环境影响的调查分析

集体林在我国林业资源中比重较大，根据第七次森林资源清查资料，在有林地面积中，集体经营的面积5176.99万hm^2，占28.54%；在森林蓄积中，集体所有的蓄积290427.90万m^3，占21.73%（雷加富，2006；王文烂，2009）。

辽宁省集体林改自2005年3月开始启动试点，到11月全面推开。截至2007年6月底，全省已完成林权主体改革面积343万hm^2，占应改面积的65.04%，已有239.7万农户、847.94万农民参加了林改，实现了平稳推进的良好局面（孔凡斌，杜丽，2009）。

3.8.1 概念界定

林权指森林、林木、林地的所有权和使用权，是森林资源财产权在法律上的具体体现。林权证是森林、林木、林地唯一合法权属凭证，是维护经营单位和林农合法权利的主要依据。包括：占有权、使用权、收益权、处分权。

集体林权指集体所有制的经济组织或单位对森林、林木和林地所享有的占有、使用、收益、处分的权利。法律规定属于集体所有的森林、林木和林地的所有权和使用权。包括：《土地改革法》规定的分配给农民个人所有的通过合作化时期转为集体所有的森林、林木、林地；集体所有的土地上由农村集体经济组织、农民种植、培育的林木；集体和国有林场等单位合作在国有土地上种植的林木；"四固定"时期确定给农村集体经济组织的森林、林木、林地；林业"三定"时期部分地区将国有林划给农民集体经济组织所有的且已由当地人民政府发放了林权证的（冉陆荣，吕杰，2010）。

3.8.2 调研对象、内容

3.8.2.1 调研对象

本次调研涉及辽宁省内十个县，调研分三个部分，对县林业局，村委会和农户分别进行调查。调研采取随机方式抽取县、乡、村、农户。每个县选两个乡，每个乡分别选2和3个村，每村抽取十个农户，每县共抽取50个农户进行问卷调查。调研时间为2010年7月，调研的十个县分别为北票县、辽阳县、建昌县、铁岭县、新宾县、开源县、宽甸县、清原县、本溪县和恒仁县。

3.8.2.2 调研内容

农户调查问卷调研内容主要有户主及家庭基本情况，集体林权制度改革满意度情况，农户家庭生计情况以及林改对环境影响的评价四个部分（马梅芸等，

2011）。

　　本次调研共发放农户调查问卷 500 份，全部收回，全部为有效问卷，问卷精度为 100%。

3.8.3　基本情况分析

3.8.3.1　户主基本情况

　　在调查的 500 份问卷中，男性 449 位，女性 51 位。户主年龄分布比较集中，低于 18 岁的为 0 人，18～25 岁的为 4 人，占 0.8%，25～45 岁的为 127 人，占 25.4%，45～64 岁的为 313 人，占 62.6%，65 岁以上的为 56 人，占 11.2%。户主平均文化程度较低，其中小学及以下学历 151 人，占 30.2%；初中学历 254 人，占 50.8%；高中（中专）学历 70 人，占 14%；大专学历 22 人，占 4.4%；本科学历 3 人，占 0.6%。户主工作结构单一，其中林农为 117 人，占 23.4%；农民 383 人，占 76.6%；其他职业的为 0 人。

3.8.3.2　家庭基本情况

　　被调查农户中，家庭年均收入在 1 万元以下的有 307 户，占 61.4%，1 万～3 万元的为 85 户，占 17%，3 万～5 万元的为 43 户，占 8.6%，5 万元以上的为 65 户，占 13%。

　　因此，由调查结果可以看出，户主绝大多数为男性，且受教育程度较低，集中在初中水平及以下，工作结构也比较单一，以务农为主，家庭年均收入水平也较低。

3.8.3.3　林改前后农户对林业投入

　　针对林改前后农户对林业的投入情况，调查的 500 户农户中，有 186 户反映没有变化，占 37.2%，214 户反映有增加，占 42.8%，100 户反映增加很大，占 20%。说明林改后，大部分农户都增加了对林业的投入。

　　另外，在林改后对林业的投入中，其中以种苗投入为主。主要是大多数的农户会选择种苗生产投入，以获得更高的收益。

3.8.3.4　林改满意度的分析

　　辽宁省林改主体工作如分林到户、四至界限划分、林地承包招标已经完成，农户对基础工作普遍比较满意。其中，395 人对村林改方案满意，占 79%，17 人不满意，占 3.4%，88 人选择其他，占 17.6%。整体情况表明，农户对林权制度改革是满意的。

3.8.4　对环境影响的基本评价

　　本次调研按照生物多样性、水土保持、净化空气、森林碳汇、森林旅游、水源涵养六个方面让农户进行林权改革对环境影响的评价("集体林权制度改革监测"项目组，2012）。评价分为五个等级，分别为下降、没变化、稍有增加、增加、增加很大。基本评价结果统计见表3-32。

表 3-32 林权改革对环境影响的基本评价   单位：户

环境影响	下降	没变化	稍有增加	增加	增加很大
生物多样性	27	0	308	165	0
水土保持	27	244	193	36	0
净化空气	0	155	254	90	1
森林碳汇	0	132	281	61	26
森林旅游	0	480	16	2	2
水源涵养	0	440	2	4	54

由表3-32可以看出，大多数农户认为生物多样性稍有增加，水土保持变化不大，净化空气稍有增加，森林碳汇稍有增加，森林旅游没有变化，水源涵养没有变化（图3-19）。

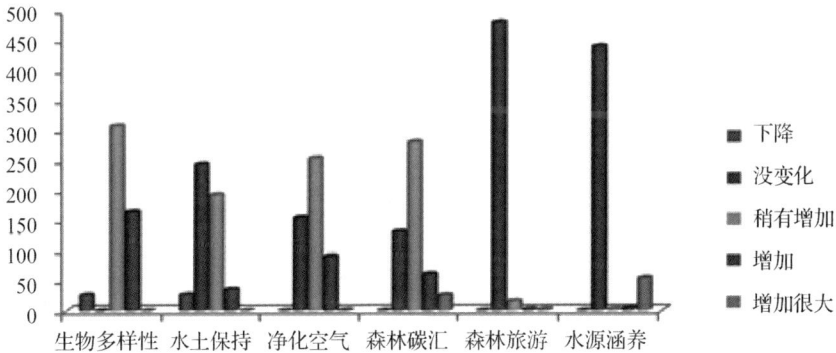

图 3-19 林权改革对环境的影响

因此，从调查结果来看，大多数农户对林权改革对环境的影响给出了比较肯定的评价，但对水源涵养和森林旅游，大部分农户认为没变化。

3.8.5 对环境影响评价的因子分析

本研究主要运用SPSS软件对生物多样性、水土保持、净化空气、森林碳汇、森林旅游和水源涵养6个指标进行因子分析。将农户对环境影响评价的6个指标分别赋值为$x_1 \sim x_6$，然后运用KMO检验和Bartlett球形检验，最后根据变量共同度和主成分表，分析提取的因子数目，写出因子载荷矩阵和因子的得分系数矩阵，从而得出影响满意度评价的主导因子（张帆，2012）。

具体计算的结果见表3-33、表3-34。

表 3-33   KMO 和 Bartlett 球形检验表

序号	统计量	统计值
1	Kaiser – Meyer – Olkin	0.529
2	近似卡方值	100.695
3	df	15.000
4	Sig.	0.000

从表 3-33 可以看出，KMO 检验结果为 0.529，大于 0.5，说明对环境影响评价的结果可以进行因子分析，Bartlett 球形检验的 Sig. 取值为 0.00，表示各变量不是独立的(王占臣，张岩，2007)。

表 3-34   提取的因子信息表

环境影响	原始信息	共同度
生物多样性	1.000	0.838
水土保持	1.000	0.183
净化空气	1.000	0.658
森林碳汇	1.000	0.538
森林旅游	1.000	0.600
水源涵养	1.000	0.758

表 3-34 中第一行数据表明变量生物多样性的共同度为 0.838，即选取的公共因子提取了变量"生物多样性"83.8%的信息。在表 3-34 中，提取信息最少的是变量"水土保持"只提取了 18.3%的信息，其他变量均提取了大于 50%的信息(王宏伟等，2009)。

表 3-35   提取的因子信息表

主成分	特征根			提取的负荷量			旋转的负荷量		
	总计	方差百分比(%)	累计百分比(%)	总计	方差百分比(%)	累计百分比(%)	总计	方差百分比(%)	累计百分比(%)
1	1.476	24.597	24.597	1.476	24.597	24.597	1.314	21.894	21.894
2	1.090	18.162	42.759	1.090	18.162	42.759	1.225	20.411	42.305
3	1.010	16.839	59.598	1.010	16.839	59.598	1.038	17.292	59.598
4	0.979	16.311	75.908						
5	0.818	13.627	89.535						
6	0.628	10.465	100.000						

在主成分列表 3-35 中可以看出，第一主成分的特征根为 1.476，方差贡献率为 24.597%，前三个主成分都满足提取因子的条件，即特征值都大于 1，所以本文提取出了三个因子。

表 3-36 为因子载荷矩阵，通过这个矩阵可以给出环境影响各变量的因子表达式为：

X_1（生物多样性）$= -0.112F_1 - 0.425F_2 + 0.803F_3$

X_2（水土保持）$= 0.224F_1 - 0.213F_2 - 0.296F_3$

X_3（净化空气）$= 0.788F_1 + 0.152F_2 + 0.114F_3$

X_4（森林碳汇）$= 0.602F_1 - 0.288F_2 - 0.305F_3$

X_5（森林旅游）$= -0.351F_1 + 0.688F_2$

X_6（水源涵养）$= 0.554F_1 + 0.533F_2 + 0.409F_3$

表 3-36　因子载荷矩阵[a]

环境影响	主成分		
	1	2	3
净化空气	0.152	0.114	0.788
森林碳汇	-0.288	-0.305	0.602
水源涵养	0.533	0.409	0.554
森林旅游	0.688		-0.351
生物多样性	-0.425	0.803	-0.112
水土保持	-0.213	-0.296	0.224

从表 3-36 中可以看出，第一个主因子主要由前三个变量决定，即净化空气、森林碳汇和水源涵养；第二个因子主要由水源涵养和森林旅游决定；第三个因子主要由水源涵养和生物多样性决定。因此，林权改革对环境影响的主要的影响因子为净化空气和生物多样性以及森林旅游这三个方面，这与前文的数据分析结果是基本一致的（林群等，2008）。

3.8.6　结　论

通过对辽宁省林权改革对环境影响的调查分析可以看出：林权改革对环境产生一定的影响，尤其是林权改革对净化空气、生物多样性和森林旅游产生了显著的影响。因此，在今后的林业发展中，应抓住林权改革这一契机，继续深化改革，促进森林经济、社会和生态环境效益的协调发展。

3.9　江西林权改革对环境影响的分析

我国集体林权制度改革的主体改革部分已经基本完成。改革之后，林农获得了自己的生产资料也更有积极性进行林地开发和投资，逐步走向资源增长、农民增收和生态良好的现代林业发展之路。据国家林业局集体林权制度改革督导小组调查报告，林权改革后林农依托属于自己的林业生产资料和森林资源，开展林下种植、养殖和森林旅游等多种经营形式，使林业成为了农民增收致富的重要途径。

从经济发展的角度来看，产业的发展往往伴随着给环境带来的不利影响。为了研究林权改革对森林环境的影响情况，我们对江西遂川的林农和农民发放了《林权改革对环境影响的调查问卷》，基以了解和研究林权改革对环境带来的影响情况。

3.9.1　遂川概况

遂川县位于江西省西南边境，县境南北长 81km，东西宽 83km，总面积 3144.17km²；现辖 11 个镇、12 个乡、2 个国营林场，有行政村 308 个、居委会（含社区）20 个，总人口 54 万人，是吉安市面积最大、人口最多的县。

遂川全县现有耕地 2.55 万 hm²，林地 24.6 万 hm²，水面 0.35 万 hm²，村镇道路及其他用地 3.96 万 hm²，是典型的山区县，素有"八山一水半分田、半分道路和庄园"之称。林业及其相关产业是遂川县的重要支柱产业之一。

遂川县产业主要以粮食、蚕桑、金桔、木竹、药材等农林产品为主，全县已经形成木竹、金桔、茶叶、畜禽、蚕桑、药材六大主导产业，2007 年六大主导产业种植面积 19.91 万 hm²，实现总产值 10.07 亿元，并初步形成了"公司＋农户"的产业发展模式。

遂川的林业资源十分丰富，是国家重点茶油生产基地和全国最著名的杉木产区之一。其木竹产业主要分布在五斗江、新江、衙前、碧洲、双桥、大汾等乡镇。林木以杉木、马尾松、木荷、枫香等针阔叶树及立竹为主。全县现有林地 24.56 万 hm²，森林覆盖率 77.6%。其中针叶林面积 13.15 万 hm²，毛竹面积 2.06 万 hm²，阔叶林面积 2.13 万 hm²。活立木蓄积量 1003 万 m³，立竹 4655 万株。木竹龙头企业主要有金星、绿洲、扬宏公司，主要产品有木质胶合板、纤维板、竹胶合板、木竹地板、家具等。产业覆盖 20 个乡镇，4 万多户农户，2007 年系列产值 2.69 亿元，占全县总产值比重的 20.5%。

2004 年 8 月，遂川县被列入江西省集体林权制度改革试点县，率先在全省实施林业产权制度改革。经过努力，遂川在全省率先建立起林业要素市场，开展了林权抵押贷款和森林火灾保险，率先组建起森林消防专业队伍、开通了林业电子政务系统，在全国 2000 多个林改县中，遂川跻身于全国林改百县典型。遂川的林改为林农、林企提供了细致周全高效服务，使当地的林业获得了长足的发展动力。

3.9.2 问卷调查的内容和对象

本次调查的内容主要涉及集体林权制度改革对林农的投资影响及由于林业发展带来的生态环境影响。在遂川县的五斗江镇和草林镇随机采访了当地居民(包括林农、农民和部分外出打工的年轻人)，共回收了 322 份有效调查问卷。调查对象的具体情况为：

(1)林农、农民和其他身份人员的比例为 58.7%、37.27% 和 4.04%。

(2)性别：男女比例为 278:44。这主要与当地农村中的男性家长制有关，调查中接触的女性对象大多对所问问题不甚了解，或者由于沟通障碍无法完成问卷调查。

(3)家庭年均收入比例为：10000 元以下 21.38%，10000~20000 元占42.45%，20000~30000 元 19.50%，30000 元以上的占 16.67%。

3.9.3 调查结果分析

通过对影响环境改变的因素进行分析，我们初步选择以下 8 个变量作为多项Logistic 模型的自变量(表 3-37)。

(1)对林改的态度。在参加调查的 322 名受访者中，对林改持满意态度的有276 人，不满意的有 27 人，其余人未明确表态。可见大部分林农都对林改持肯定态度，也导致他们愿意对林地进行更多的投资和加强经营。

(2)林改前后对林业的投入。对这一问题，有 100 份问卷回答没有变化，193 份回答有增加，其余认为增加很大。这进一步说明林改的确对林农对林业的投入有影响，但由于林改的各种配套辅助措施仍在不断完善过程中，部分林农仍在观望。且由于林业本身生产周期较长的特点，林农在短期内进行较大投资的能力也不足。

(3)对生物多样性的影响。参与调查的林农有 51.56% 的人认为目前森林生物多样性稍有增加，33.13% 的人认为生物多样性没有变化。这表明生物多样性随着林改的推进发生了一些变化。

(4)对水土保持的影响。参与调查的林农有 50.63% 的人认为目前水土保持的状况稍有改善，认为没有变化的人占 27.22%，可以看出林农对水土保持的变化感觉比较明显。

（5）对净化空气的影响。林农对净化空气的影响感觉比较明显，在收到的问卷中有47.65%的受访者都感觉自林改后林区的空气稍有改善，认为没变化的人占29.47%。这与森林生长过程中伴随的造氧功能有关。

（6）对森林碳汇的影响。在本次调查的受访者中有36.79%的人认为森林碳汇稍有增加，35.53%的林农认为森林碳汇没有变化。这与遂川县的产业结构有关系，由于林业是遂川县的重要支柱产业，县内的宜林地基本上都已完成了造林，所以短期内大幅度的森林碳汇增加空间不大，当地林业的发展更多的要依靠林下经济作物的开发和科学的森林经营来完成。

（7）森林旅游。受访者对森林旅游变化的答复也反映出遂川县的产业特点。在受访者中65.72%的林农认为森林旅游状况没有变化，只有20.75%的人认为是稍有增加的。这说明遂川的森林旅游产业发展还比较落后。遂川的地理位置离大城市较远，当地居民的生活收入水平不高和当地政府对旅游的开发力度不够造成了这一结果。由此可见，仅靠良好的自然环境也较难促进旅游产业的发展。

（8）水源涵养。水源涵养是森林最重要的生态功能之一。本次调查的结果也反映出这一特点，在回收的问卷中有47.35%的问卷回答水源涵养稍有改善，认为没有变化的仅占23.36%，而20.56%的问卷回答是有明显改善的。

表3-37   Logit模型变量设置及基本资料

变量编号	变量名称	变量取值	取值汇总	比例(%)
Logic	产生影响	无影响	21	6.5%
		有影响	301	93.5%
Attitude	对林改的态度	不满意	27	
		满意	276	
		其他	19	
Investment	林改前后对林业的投入	没变化	100	
		有增加	193	
		增加很大	28	
Biodiversity	林改前后生物多样性的变化	下降	11	3.44
		没变化	106	33.13
		稍有增加	165	51.56
		增加	27	8.44
		增加很大	11	3.44

（续）

变量编号	变量名称	变量取值	取值汇总	比例(%)
Watersoil	林改前后对水土保持的影响	下降	17	5.38
		没变化	86	27.22
		稍有增加	160	50.63
		增加	41	12.97
		增加很大	12	3.8
Purifyair	林改前后对净化空气的影响	下降	11	3.45
		没变化	94	29.47
		稍有增加	152	47.65
		增加	49	15.36
		增加很大	13	4.08
Forestarea	林改前后森林碳汇的变化	下降	18	5.66
		没变化	113	35.53
		稍有增加	117	36.79
		增加	56	17.61
		增加很大	14	4.4
Foresttour	林改前后森林旅游的变化	下降	4	1.26
		没变化	209	65.72
		稍有增加	66	20.75
		增加	29	9.12
		增加很大	10	3.14
Watersource	林改前后水源涵养的变化	下降	14	4.36
		没变化	75	23.36
		稍有增加	152	47.35
		增加	66	20.56
		增加很大	14	4.36

3.9.4　林权改革对环境影响的 Logit 模型分析

根据本研究调查的结果，我们将接受调查的林农和农民按照其对环境变化的感受分为两类：①认为环境没有变化。这类受访者占调查总数的 6.5% 左右，他们没有感到环境在任何方面在林权改革后有所变化。②认为环境有变化。这类受访者占调查总数的 93.5%，他们至少在生物多样性、水土保持、净化空气、森林碳汇、森林旅游和水源涵养的至少一个方面发现有变化。

Logit 模型是广泛用于分析和研究行为主体选择过程的一类理想的计量经济模型。一种行为的发生是许多不同因素共同作用的结果。Logit 回归分析可以被用于对各种影响因素进行分析，进而分析个体的决策行为。作为概率型非线性回归的一种，Logit 回归假设在自变量 X_1，$X_2 \cdots X_m$ 的作用下，某种社会现象的发生概率为 $P(0 \leqslant P \leqslant 1)$，$P$ 为自变量 X_i 的线性函数。

从数学上看，P 对 X_i 的变化在 $P=0$ 或 $P=1$ 的附近是不敏感的、缓慢的，而且非线性程度较高。所以要找到一个函数形式不很复杂又可以使 P 在 $P=1$ 或 $P=0$ 附近的变化幅度较大的函数。由此引入 P 的 Logistic 变换，或称为 P 的 Logit 变换。

我们用 PASW Statistics 18 对问卷数据进行多项 Logit 回归分析。结果见表 3-38。

表 3-38   各变量对模型整体影响的显著性检验

效应	模型拟合标准	似然比检验		
	简化后的模型的 -2 倍对数似然值	卡方	df	显著水平
截距	118.257	11.676	1	0.001
Attitude	106.792	0.210	1	0.647
Investment	109.005	2.423	1	0.120
Biodiversity	108.878	2.296	1	0.130
Watersoil	106.805	0.223	1	0.636
Purifyair	108.805	2.224	1	0.136
Forestarea	107.324	0.742	1	0.389
Foretour	107.439	0.857	1	0.354
Watersource	109.425	2.843	1	0.092

表 3-38 中的回归结果表示各协变量对模型整体影响的显著性检验。似然比检验是通过比较包含或者不包含某一个或几个待检验观察因素的两个模型中的对数似然函数值变化来进行的。从 ξ^2 检验的结果看，我们发现对林改的态度、水土保持、森林碳汇、森林旅游、净化空气、生物多样性等变量的显著性不明显。随后，逐一把显著水平不明显的变量从模型中去除，最后得出三个最具显著性的变量再进行多项 Logit 回归分析，并得出（表 3-39）结果。

表 3-39 三个变量对模型整体影响的显著性检验

效应	模型拟合标准	似然比检验		
	简化后的模型的 −2 倍对数似然值	卡方	df	显著水平
截距	71.751	12.701	1	0.000
Investment	64.240	5.190	1	0.023
Purifyair	66.061	7.011	1	0.008
Watersource	64.522	5.473	1	0.019

剩下的这三个自变量在 5% 的显著水平上，通过了似然比检验，说明林改与对林业的投入、净化空气和水源涵养有较大关系，也说明林权改革对这三方面的影响较大。

最后，求得 Logit 模型的回归结果见表 3-40。

表 3-40 Logit 模型回归结果

Logic 模型[a]	B	标准误	Wald	df	显著水平	Exp(B)	Exp(B)的置信区间 95%	
							下限	上限
截距	−3.776	1.150	10.777	1	0.001			
Investment	1.144	0.529	4.676	1	0.031	3.139	1.113	8.852
Purifyair	1.064	0.442	5.783	1	0.016	2.898	1.218	6.898
Watersource	0.858	0.380	5.105	1	0.024	2.357	1.120	4.960

a. 参考类别是：无影响，95% 的可信区间。

根据表 3-40 的回归系数，得到广义 Logit 模型的估计式：

$$\ln[\,\Pr(\text{Logic}=1/X)/\Pr(\text{Logic}=0/X)\,]$$
$$= -3.776 + 1.144\text{Investment} + 1.064\text{Purifyair} + 0.858\text{Watersource} \qquad (3\text{-}5)$$

进一步求得模型的模拟拟合信息见表 3-41。

表 3-41 模拟拟合信息

模型	模型拟合标准	似然比检验		
	−2 倍对数似然值	卡方	df	显著水平
仅截距	100.245			
最终	59.050	41.196	3	0.000

由表 3-41 可以看出，用最终模型和只含截距项的无效模型进行比较，－2 倍对数似然值从 100.245 下降到 59.050，似然比卡方检验结果 $P = 0$ 也远小于 5% 的显著水平，这说明模型中的所有回归系数不同时为零，模型成立，说明模型的拟合良好。

3.9.5　结　论

林权改革在释放了林农投资生产的积极性之外，对环境无疑会产生较大的影响。本文以实地调查问卷所得到的数据为基础，运用计量经济学的方法建立了对环境影响的 Logit 模型。通过分析，我们发现：林权改革对林业的投入，森林净化空气和水源涵养的影响最大。也说明了林权改革一定程度上调动了农民投资林业的积极性，并对森林净化空气和水源涵养的生态环境产生了显著的影响。

3.10　河南省林权改革对环境影响的调查分析

自然保护区是指以保护特殊生态系统进行科学研究为主要目的而划定的自然区域，其景观自然性强，是生物多样性就地保护的主体。自然保护区保留了一定面积各种类型的生态系统、贮备了物种，又可用作科研和教育基地，具有重要意义。

我国的自然保护区可分为国家级和地方级两类，其中，国家级自然保护区是指"在国内外有典型意义、在科学上有重大国际影响或者有特殊科学研究价值的自然保护区"，截至 2010 年 2 月，全国共有国家级自然保护区 329 个。

3.10.1　研究背景与目的

董寨国家级自然保护区，位于豫鄂两省交界的大别山北麓，距信阳市 32km，于 2001 年 6 月，经国务院批准正式成立。保护区总面积 4.68 万 hm^2，区内分布有植物 1879 种，兽类 37 种，两栖爬行类 44 种，鸟类 237 种，其中国家重点保护鸟类 39 种，列入中日候鸟保护协定名录的有 95 种，被誉为"鸟类乐园"，是一个集自然保护、生态旅游、鸟类观赏、科学考察、教学实习、休闲娱乐、避暑疗养于一体多功能综合性的自然保护区。

本研究通过对董寨国家级自然保护区附近董桥、高寨和灵山三个村庄的实地调研，分析了保护区周边农户的基本情况及保护区建设的影响因素，进一步探讨保护区建设满意度的影响因子和林权改革对保护区建设的影响情况。

3.10.2 研究方法与数据收集

3.10.2.1 研究方法

本研究随机选择了临近董寨自然保护区的董桥村、高寨村和灵山村三个村庄为重点对象，采用实地问卷调查的方式，调查时间为 2012 年 8 月 25～30 日。

3.10.2.2 数据收集

本次每村发放问卷 100 份，共计 300 份。回收有效问卷 291 份，其中，董桥村 92 份，高寨村 99 份，灵山村 100 份，问卷回收率为 97%。调查问卷设计分为以下几部分：①受访者基本情况；②受访者对保护区建设的态度；③保护区建设对环境的影响。第一部分，主要是通过受访者的基本情况（林农、农民还是其他）、年龄、文化程度、家庭人口数、家庭年均收入等了解一些基本信息。第二部分包括直接询问受访者对保护区建设满意或者不满意，以及 2001 年前后保护区建设的资金投入情况，了解受访者对保护区建设的态度。第三部分主要是询问保护区建设前后对环境的影响。为了让受访者能更加直观地感受保护区建设前后环境的变化，问卷中采取询问受访者保护区建设前后当地生物多样性、水土保持、净化空气、森林碳汇、森林旅游、水源涵养情况的方式来调查保护区建设对环境的影响。

主要研究保护区周边居民对保护局建设的满意度；不同村庄对保护区建设的满意度是否相同；以及哪些因素影响保护区建设对环境的影响。遂随机选取河南省信阳市董寨保护区及其周边的三个村庄：董桥村、高寨村、灵山村进行研究。

3.10.3 统计与基本分析

3.10.3.1 性别和年龄

根据统计，本次调查以男性调查者为主，在回收的 291 份有效调查问卷中，男性受访者共 261 人，占 89.7%；而女性调查者只有 30 人，占 10.3%。此外，受访者年龄主要集中在 25～45 岁之间，共 206 人，占 70.8%，其中，又以 35～45 岁受访者为主，共 127 人，占总比例 43.6%；25～35 岁受访者共 79 人，占总比例的 27.1%。其余年龄段共 85 人，占 29.2%，其中，18 岁以下两人，占 0.7%；18～25 岁 15 人，占 5.2%；45～55 岁 49 人，占 16.8%；55 岁以上 19 人，占 6.5%。本次调查以男性 25～45 岁受访者为主的主要原因是当地大多数家庭的户主为男性，且大多男性户主的年龄为 25～45 岁之间。

3.10.3.2 职业、学历和收入情况

根据统计，保护区周边居民还是以务农为主，在回收 291 份有效调查问卷中，林农 12 人，仅占到调查问卷的 4.1%，而农民 278 人，占调查问卷的

95.5%。受访者普遍学历较低，以初高中学历为主，共252人，占86.6%。其中，初中学历178人，高中学历74人，分别占总比例61.2%、25.4%；取得大专学历的仅6人，占总比例2.1%；本科以上0人。在家庭年收入中，收入在10000元以下的12%，60.5%的受访者家庭年收入在10000~20000元，19.9%的家庭年收入在20000~30000元范围内，30000元以上的仅占7.6%，可以看出，当地居民普遍收入还是比较低的。

3.10.3.3　对保护区建设的态度

经统计，在回收的291份有效问卷中，281人对保护区建设满意，占受访者比例的96.6%，表示不满意或其他的有10人，占3.4%。因此，绝大多数的受访者对保护区建设持满意的态度。

3.10.3.4　对保护区建设的投入

根据统计，自2001年以后，绝大多数村民对保护区建设的投入有增加，但增加都不是很大。回收的291份有效调查问卷中，对保护区建设增加的有216人，占74.2%；而增加很大的仅55人，占18.9%；此外，还有20人表示投入无变化，占6.9%。究其原因，有可能是当地居民大多还是以务农为主，林业在生产中所占比例较低，所以对保护区投入增加不大。

3.10.3.5　保护区建设对环境的影响

本次调查主要从6个方面考察了保护区建设对环境的影响，包括：生物多样性、水土保持、净化空气、森林碳汇、森林旅游、水源涵养。这6个方面基本上涵盖了对环境影响的各个方面，比较有代表性。回收的291份有效问卷中，保护区建设对环境的影响统计见表3-42。

表3-42　保护区建设前后对环境影响

环境影响	下降	没变化	稍有增加	增加	增加很大	总计
生物多样性	0	81	131	53	26	291
水土保持	0	69	124	58	40	291
净化空气	0	41	145	54	51	291
森林碳汇	0	234	42	14	1	291
森林旅游	0	52	136	49	54	291
水源涵养	0	24	124	99	44	291

由表3-42可知，绝大多数受访者认为自然保护区建设后，环境有比较明显的改善。主要改善的方面有：生物多样性、水土保持、净化空气、森林旅游和水源涵养。但是，在森林碳汇方面，绝大多数的受访者认为没有变化，占受访者比例的80.4%。具体来说，认为生物多样性没变化的有81人，占27.8%，认为有

所改善的有 210 人，占 72.2%；认为水土保持没变化的有 69 人，占 23.7%，认为有所改善的有 222 人，占 76.3%；认为净化空气没变化的有 41 人，占 14.1%，认为有所改善的有 250 人，占 85.9%；认为森林旅游没变化的有 52 人，占 17.9%，认为有所改善的有 239 人，占 82.1%；认为水源涵养没变化的有 24 人，占 8.2%，认为有所改善的有 267 人，占 91.8%（图 3-20）。

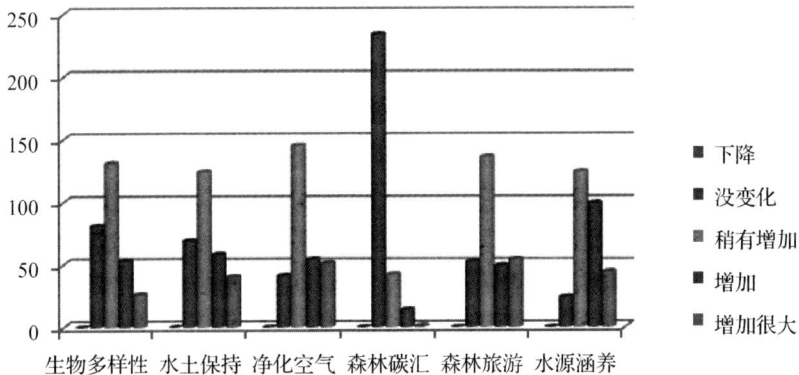

图 3-20　保护区建设前后对环境影响

　　因此，根据以上图表及分析，得到保护区建设对环境有显著的影响，主要表现在生物多样性、水土保持、进化空气、森林旅游和水源涵养等方面，对于森林碳汇的影响较小。

3.10.4　保护区建设的影响因素

　　通过以上分析，我们得到保护区建设对环境产生了显著的影响，但是究竟是哪些因素在保护区建设的十多年中影响着保护区建设，即影响着保护区环境的改变，我们还需要进一步的分析。

　　因而为探究在保护区建设中究竟是哪些因素对保护区建设产生了深远影响，以及这些因素对保护区建设的影响方式，我们首先将影响保护区建设的影响因素分为 6 类，包括：居民的基本类型、性别、年龄、教育程度、收入、对保护区的投入。其次，对保护区的建设的影响主要体现在环境方面，而通过调查我们得到保护区环境的 6 个因子，包括：生物多样性、水土保持、净化空气、森林碳汇、森林旅游、水源涵养。此时，如果直接进行分析只能得到不同因素对保护区环境的不同方面的影响，很难得到对保护区整体环境的影响。因此，首先利用因子分析提取不同环境因素的公因子，然后通过公因子得到保护区环境评价的综合因子。之后利用相关分析分析不同因素对保护区环境的影响，即对保护区建设的影响。

将保护区的 6 个环境因子：生物多样性、水土保持、净化空气、森林碳汇、森林旅游、水源涵养分别定义为 X_1、X_2、X_3、X_4、X_5、X_6，首先使用因子分析对其降维求取公因子。

在进行因子分析之前，必须进行可行性检验。因而利用 KMO 和 Bartlett 球形检验对因子分析的可行性进行检验。一般地，KMO 统计量大于 0.9 时效果最佳，0.7 以上可以接受，0.5 以下则不宜进行因子分析。利用 SPSS，得到 KMO 检验结果见表 3-43，KMO 值为 0.84，因此，适宜进行因子分析；同时，Bartlett 球形检验统计量的 Sig 值为 0，小于 0.01，即各因子之间存在显著相关性。

表 3-43　KMO 和 Bartlett 的检验结果

取样足够度的 Kaiser-Meyer-Olkin 度量。		0.840
Bartlett 的球形度检验	近似卡方	624.128
	df	15
	Sig.	0.000

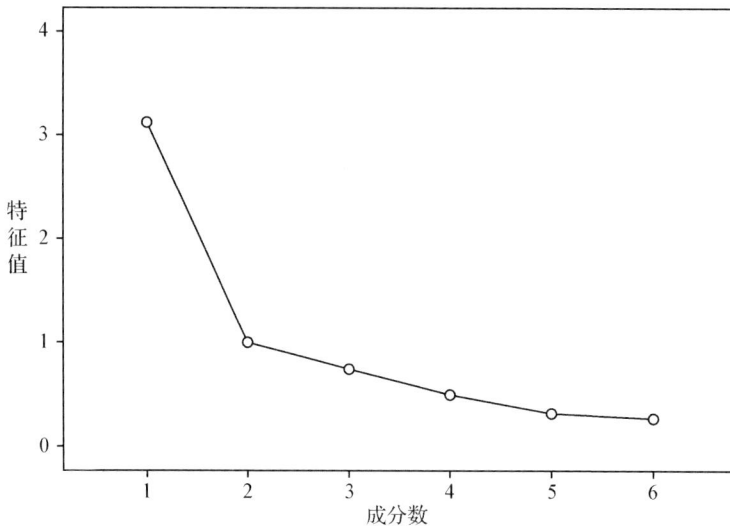

图 3-21　因子分析碎石图

为确定适宜的公因子数，首先利用 SPSS 绘制不同公因子数时的碎石图，如图 3-21，初步得到选取三个公因子较好，因为三以后，随着公因子数的增长碎石图逐渐趋于平缓，所以三为碎石图的拐点，所以三个公因子能较好的涵盖所有环境因子的信息。

通过表 3-44，进一步验证提取三个公因子较好，因为三个公因子对总方差的解释达到 81.072%，即提取的三个公因子可以解释 6 个环境因子的 81.072% 的信息，对环境信息的涵盖比较好，所以选取三个公因子，并设他们分别为F_1，F_2，F_3。

表 3-44　提取三个公因子解释的总方差

成分	解释的总方差								
	初始特征值			提取平方和载入			旋转平方和载入		
	合计	方差的 %	累积 %	合计	方差的 %	累积 %	合计	方差的 %	累积 %
1	3.118	51.960	51.960	3.118	51.960	51.960	2.809	46.811	46.811
2	0.997	16.615	68.575	0.997	16.615	68.575	1.036	17.266	64.077
3	0.750	12.497	81.072	0.750	12.497	81.072	1.020	16.995	81.072
4	0.522	8.694	89.766						
5	0.333	5.545	95.310						
6	0.281	4.690	100.000						

通过 SPSS，我们确定了从 6 个环境因子当中我们需提取三个公因子 F_1，F_2，F_3，接下来，利用成分得分系数矩阵得到，可以得到 F_1，F_2，F_3 系数见表 3-45。

表 3-45　成分得分系数矩阵

环境影响	成分		
	1	2	3
生物多样性	0.323	−0.091	−0.021
水土保持	0.337	−0.080	−0.044
净化空气	0.335	−0.085	−0.107
森林碳汇	−0.044	−0.022	0.983
森林旅游	0.276	−0.073	0.128
水源涵养	−0.206	1.088	−0.019

则 F_1，F_2，F_3 的表达式为：

$$F_1 = 0.323X_1 + 0.337X_2 + 0.335X_3 - 0.044X_4 + 0.276X_5 - 0.206X_6 \quad (3-6)$$

$$F_2 = -0.091X_1 - 0.080X_2 - 0.085X_3 - 0.022X_4 - 0.073X_5 + 1.088X_6 \quad (3-7)$$

$$F_3 = -0.021X_1 - 0.044X_2 - 0.107X_3 + 0.983X_4 + 0.128X_5 - 0.019X_6 \quad (3-8)$$

设环境综合因子为 F，利用表 3-45 和式（3-6）、（3-7）、（3-8）得到，综合环境因子 F 的表达式为：

$$F = 0.4681 F_1 + 0.1727 F_2 + 0.1699 F_3 \quad (3-9)$$

由于 X_1，X_2，X_3，X_4，X_5，X_6 是已知的，则通过式（3-9）可以求得综合因子 F 的值，然后利用 SPSS 的相关分析分析不同因素居民的基本类型、性别、年龄、教育程度、收入、对保护区的投入对综合因子的影响。

选取非参数统计的 Spearman 和 Kendall 相关系数来判别综合因子 F 的影响因素。Spearman 相关系数的取值范围在 $-1\sim1$ 之间，绝对值越大则相关性越强。

所得相关分析结果见表 3-46。

表 3-46　不同因素与环境综合因子的相关分析

项目			基本类型	性别	年龄	教育程度	收入	投入
综合因子 F	Kendall	相关系数	0.096	0.090	−0.202	−0.007	0.173	0.452
		Sig.（双侧）	0.046	0.062	0.000	0.878	0.000	0.000
	Spearman	相关系数	0.118	0.110	−0.272	−0.013	0.218	0.555
		Sig.（双侧）	0.044	0.061	0.000	0.828	0.000	0.000

由表 3-46，得到村民的基本类型、年龄、收入和对保护区的投入都与保护区的环境变化有显著相关性。其中，与保护区环境变化相关性最高的是居民对保护区的投入，其 Kendall 相关系数达到 0.452，Spearman 相关系数达 0.555，Sig. 值为 0，小于 0.05。投入与保护区的环境是正向关系，即投入越大，对保护区环境的影响越大。由于当地居民会在保护区中种植茶树、板栗树等，所以树木的增多，必然会使得环境有所改善。

收入与保护区的环境变化相关性次之，其 Kendall 相关系数为 0.173，Sig. 值也为 0，明显小于 0.05. 所以居民收入与保护区的环境变化也是显著相关的。而且，收入越高，对保护区的环境变化影响越大，究其原因，我们可以得到往往是那些收入多的人才有更多的钱投入到保护区的建设当中，所以收入与保护区的环境变化呈正相关。

其次，对保护区环境变化能产生正向影响的因素还有居民的基本类型，其 Kendall 相关系数为 0.096，Sig. 值为 0.046，刚好能通过检验，说明其对保护区环境变化的影响没有收入和投入高，但是也能在一定程度上产生一定正影响。

而唯一呈现负相关的因素为年龄，其 Kendall 相关系数为 −0.202，Sig. 值为 0，说明它对保护区环境变化能产生明显的负影响，即年龄越大的人，对保护区的环境变化的影响越小。这主要是因为，在建设保护区和在保护区周边劳作的主要是中青年人，所以年龄越大的人对保护区环境变化的影响也就越小。

3.10.5　保护区建设满意度分析

由上述内容可知，相当一大部分的受访者对保护区建设持满意的态度。为了探究哪些因素主要影响着居民对保护区建设的满意度，我们将不同影响因素分为个人因素和群体性因素，个人因素包括：居民的基本类型、性别、年龄、教育程度、家庭收入，群体性因素为不同村庄之间的差异。

3.10.5.1 个人因素对保护区建设满意度的影响

利用 SPSS 中的相关分析，选取非参数统计的 Spearman 和 Kendall 相关系数来判别不同个人因素对满意度的影响。Spearman 相关系数的取值范围一般在 −1~1 之间，当绝对值越大时，则相关性越强。在显著性水平为 0.05 下，不同影响因素的相关系数见表 3-47。

表 3-47　不同因素对保护区建设满意度的相关系数

项目			基本类型	性别	年龄	教育程度	收入
满意度	Kendall	相关系数	−0.056	0.121*	−0.002	−0.078	−0.074
		Sig.（双侧）	0.342	0.04	0.973	0.165	0.181
	Spearman	相关系数	−0.056	0.121*	−0.002	−0.082	−0.079
		Sig.（双侧）	0.342	0.039	0.972	0.165	0.181

从表 3-47 中可见，受访者的年龄和基本类型对保护区建设的满意度影响最小，其 Kendall 相关系数分别为 −0.002 和 −0.56，在显著性水平 0.05 下，显著不相关性；究其原因可能是由于大多数的受访者

受访者的家庭收入与教育程度对其对保护局建设的满意度也无很大影响，其 Kendall 相关系数分别为 −0.074 和 −0.078，在 0.05 的显著性水平下也是显著不相关的。

而在 0.05 的显著性水平下，受访者的性别与其对保护区建设的满意度呈现出显著相关，其 Kendall 和 Spearman 相关系数都为 0.121，Sig. 值为 0.04，小于 0.05。

综上所述，在受访者的基本情况中，只有"性别"因素会显著的影响受访者对保护区建设的满意度，接下来我们将采用交叉列联分析来具体分析两者间的关系。根据列联分析得到表 3-48。

表 3-48　性别与满意度之间的交叉表

性别	满意度			合计
	满意	不满意	其他	
男	254	5	2	261
女	27	3	0	30
合计	281	8	2	291

由表 3-48 得到男性共 261 人，其中持满意态度的有 254 人，不满意的有 5 人，其他 2 人；女性共 30 人，持满意态度的 27 人，不满意的 3 人，其他 0 人。为了更

清楚直观的呈现这种数字关系，绘制性别与满意度之间的条形图，如图3-22。

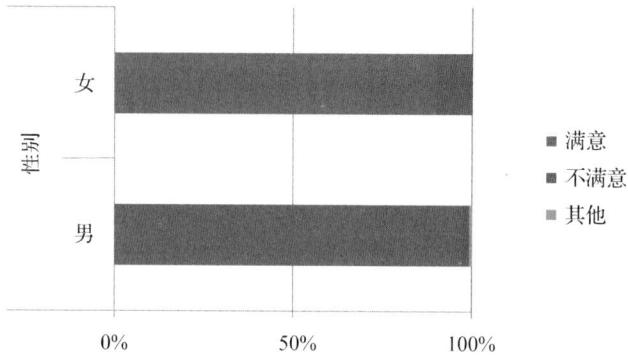

图3-22 性别对保护区建设满意度影响条形图

从表3-48和图3-22中可以看出，男性对保护区建设的满意度较高，达到95%以上；而女性对保护区建设满意度不如男性的高。究其原因有可能是当地的农户都已男性为户主，致使本次调查以男性调查者为主，所以男性参加到保护区建设的影响要高一点。其次，当地男性参与到保护区建设当中的人数明显高于女性，女性对保护区建设可能没有什么直观的感受，所以影响到了其对保护区的满意度。

3.10.5.2 群体因素对保护区建设满意度的影响

从上述分析中可以看出：在个人因素中，只有居民性别对保护区满意度有显著影响，那么居民的群体性因素对保护区满意度是否有影响，为探究这一关系，接下来利用交叉列联的方法和相关分析探讨不同村庄间对保护区建设满意度的影响分析。

利用交叉列联得到，在董桥村的92份调查问卷中，对保护区建设满意的有89份，不满意和其他只有3份；在高寨村的99份问卷中，96份满意，不满意和其他占3份；而灵山村的100份问卷中，满意的有96份，不满意为4份。根据以上分析，基本可以得到不同村庄对保护区建设的满意度没有影响，及保护区建设满意度不存在整体影响因素（表3-49）。

表3-49 董桥村、高寨村和灵山村对保护区建设满意度统计

编号	调查地点	样本数	对保护区建设的满意度		
			满意	不满意	其他
1	董桥村	92	89	2	1
2	高寨村	99	96	2	1
3	灵山村	100	96	4	0
合计		291	281	8	2

为了进一步验证这一猜想，本文采用相关分析评价不同村子对于保护区建设的满意度是否有影响，得到其 Kendall 和 Spearman 相关系数分别 0.015 和 0.016，相关性不大，在显著性水平为 0.05 下都没有通过检验。

所以，保护区建设满意度不存在整体影响因素。

3.10.6 结 论

根据以上分析得到，保护区建设的主要影响因素有：居民基本类型、年龄、收入和对保护区的投入。其中，居民投入对保护区建设影响最大，次之的是居民收入，居民类型也能对保护区建设产生一定的影响，且这三者的影响均为正影响，即投入的增多、收入的增加都能使保护区的环境有所改善。此外，居民年龄能对保护区建设产生负影响，即随着年龄的增加，居民对保护区建设的影响越小。

在满意度影响因素分析中，通过将不同的影响因素区分为个人因素和群体性因素，我们得到群体性因素不会对满意度产生影响，个人因素中的性别因素会对满意度产生一定的影响，即男性对保护区建设的满意度略高于女性。

3.11　甘肃省林权改革对环境影响的分析

2003 年 6 月，我国开启了继土地家庭承包经营之后的又一重大变革，即集体林权制度改革，以福建、江西等省进行首批试点。近年来，集体林权制度改革已初见成效，产权得到进一步明晰，林农逐渐成为林业经营建设的主力大军。截至 2011 年年底，已确权的集体林地面积共计 1.78 亿 hm^2，占集体林地面积的 97.8%。已经发放林权证 1 亿个，发证户数为 8784 万户，涉及全国 5 亿多农民，发证面积达 1.58 亿 hm^2，占纳入林改总面积的 86.65%[1]。

以往有关林权制度改革绩效的研究，多侧重于农户增收方面，如张蕾、文彩云(2008)基于对福建、江西、辽宁和云南四省的集体林权制度改革调查资料，采用计量模型分析林改前后农户林业收入、林地面积、林地构成、外出打工人数和林地流转规模等方面的变化。结果显示林权改革对农户生计具有显著影响，林改后农户林业收入增加明显，并且指出林权证的发放和农户对林改政策的了解程度对林改成效产生了重要影响。徐晋涛等人(2008)对福建、江西、浙江等 8 个省份进行集体林权制度改革和绩效调查，指出林改后 8 个省份的农户家庭收入都有显著提高，并且从事林业生产的人数也在不断增加。王良桂等人(2010)采用

---

① http://finance.people.com.cn/n/2012/1023/c1004-19357587.html

参与式农村评估的方法对贵州省瓮安县集体林权制度改革进行绩效分析，研究认为林权改革对农民增收有一定影响，但短期内不明显。有关林权改革对当地环境产生的影响方面的研究却很少。本研究根据 2012 年 12 月对甘肃省天水市的实地问卷调查，采用统计学方法分析林权改革对环境的影响，以期为相关研究提供参考。

3.11.1　天水概况

天水市位于甘肃省东南部，地处陕西、甘肃、四川三省交界，是甘肃省第二大城市，境内四季分明，气候宜人，物产丰富，为全国十大苹果基地之一，素有西北"小江南"之美称。天水市树种成分复杂，森林资源丰富，现有森林总面积 39.33 万 hm^2，森林覆盖率为 26.5%，是西北最大的天然林基地之一。天水市集体林权制度改革从 2008 年 10 月启动试点，2009 年 10 月全面展开，到 2011 年 8 月底，麦积区全面完成了 2.13 万 hm^2 集体林地明晰产权、承包到户的主体改革任务，顺利通过了省市检查验收。

3.11.2　研究对象与数据收集

3.11.2.1　研究对象

本研究对甘肃省天水市进行实地问卷调查，在随机抽样的基础上，选取了党川村、后川村和井儿村这三个具有代表性的村作为本次调查的研究对象。共发放问卷 300 份，回收有效问卷 278 份，问卷回收率 92.67%，其中党川村、后川村和井儿村回收的有效问卷分别为 90、91 和 97 份，调查时间为 2012 年 12 月。

3.11.2.2　数据收集

问卷内容由三部分组成，分别为被调查者基本情况，对林改的态度和林改前后对林业投入的变化，以及林改对环境的影响。

（1）被调查者基本情况

在收回的有效问卷中，被调查者以农民为主，超过了八成（87.4%），其次为林农和其他身份，分别占 10.4% 和 2.2%。其中男性 188 人，女性 90 人，25～35 岁的 109 人，占 39.2%，35～45 岁的为 86 人，占 30.9%，表明此次被调查者以中青年人为主。被调查者的文化程度普遍不高，有 76.3% 的被调查者是初中及以下学历，只有 2.2% 受到大专及以上教育。此外，调查显示受访者的家庭年均收入普遍偏低，其中 20000 元以下的占 71.9%，如图 3-23。

（2）对林改的态度和林改前后对林业投入的变化

2011 年 8 月，天水市集体林权改革通过了省级验收，这标志着历时三年的集体林权制度主体改革任务全面完成。农户在被问及对林改是否满意时，有

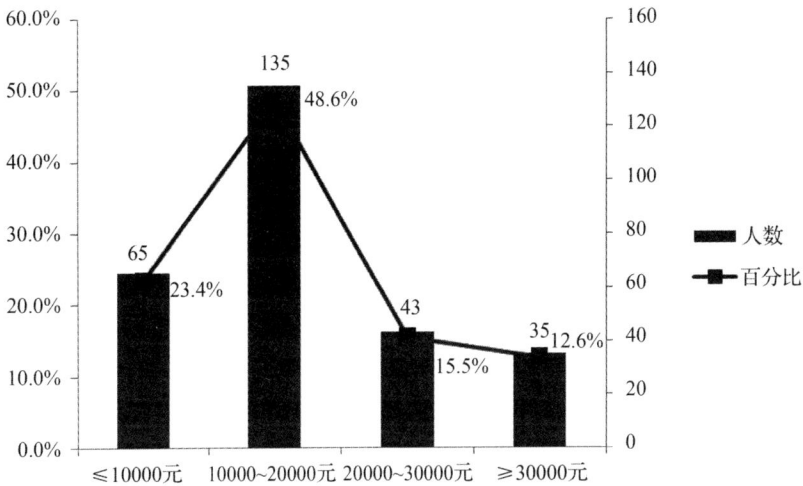

图 3-23 受访者家庭年均收入情况

91%的受访者表示满意，只有5%的被调查者表示不满意，4%的人持有其他态度。整体情况表明，农户已普遍接受林权制度改革，并对其成果持肯定态度。

针对林改前后当地农户对林业投入的变化情况，89.9%的被调查者在林改后对林业的投入有增加或增加很大。这样的结果说明，开展林权改革充分调动起农户造林、护林的积极性，加大了农户对林业生产经营活动的投入。从表3-50中可以看到，家庭年均收入高的农户对林业的投入也相对较大。

表 3-50 家庭年均收入和林改前后对林业的投入的交叉列联表 单位：人

家庭年均收入	林改前后对林业的投入			合计
	没变化	又增加	增加很大	
≤10000 元	18	44	3	65
10000～20000 元	7	110	18	135
20000～30000 元	3	32	8	43
≥30000 元	0	22	13	35
合计	28	208	42	278

（3）林改对环境的影响

本次调查从生物多样性，水土保持，净化空气，森林蓄积，森林旅游和水源涵养六个方面来研究林改对环境产生的影响，分别从下降、没变化、稍有增加、增加及增加很大五个等级进行评价，调查结果见表3-51。

表 3-51   林权改革对环境的影响情况   单位：人

对环境的影响	下降	没变化	稍有增加	增加	增加很大
生物多样性	3	53	125	86	11
水土保持	3	35	146	87	7
净化空气	7	29	148	75	19
森林蓄积	1	40	113	101	23
森林旅游	2	90	105	72	9
水源涵养	6	29	161	61	21

3.11.3 数据分析

对各变量进行赋值，X_1="身份"，X_2="家庭人口数"，X_3="家庭年均收入"，X_4="文化程度"，X_5="性别"，X_6="年龄"，X_7="对林改的态度"，X_8="林改前后对林业的投入"。同理，赋值 Y_1="生物多样性"，Y_2="水土保持"，Y_3="净化空气"，Y_4="森林蓄积"，Y_5="森林旅游"，Y_6="水源涵养"。

3.11.3.1 整体分析

通过走访农户以及对问卷的描述统计分析，已对天水市林权改革状况有了一定了解。为进一步探究身份、性别、年龄、家庭人口数、家庭年均收入、文化程度、对林改的态度和林改前后对林业的投入与生物多样性、森林蓄积、水土保持、净化空气、水源涵养和森林旅游之间的关系，以及各因素影响的显著程度，采用最优尺度回归的方法进行分析。以 X_1、X_2、X_3、X_4、X_5、X_6、X_7 和 X_8 为自变量，分别以 Y_1、Y_2、Y_3、Y_4、Y_5 和 Y_6 为因变量进行最优尺度回归分析。通过分析得知，天水市林权改革对水土保持和水源涵养的影响较大。水土保持与其他变量的回归分析结果分别见表 3-52 至表 3-54。

表 3.52   模型汇总表

R	R^2	调整后的 R^2	估计的标准误差
0.539	0.290	0.252	0.710

表 3-53   水土保持与其他变量的最优尺度回归方差分析表

项目	平方和	df	均值平方	F	Sig.
回归	80.631	14	5.759	7.675	0.000
残差	197.369	263	0.750		
合计	278.000	277			

表 3-54 水土保持与其他变量的最优尺度回归分析的相关系数和容忍度表

项目	相关系数			重要系数	容忍度	
	Zero-Order	Partial	Part		变换后	变换前
X_1	0.148	0.155	0.133	0.069	0.971	0.918
X_2	0.015	-0.020	-0.017	-0.001	0.938	0.9340
X_3	0.409	0.301	0.266	0.409	0.843	0.742
X_4	0.176	0.028	0.023	0.016	0.823	0.732
X_5	0.156	0.087	0.073	0.040	0.961	0.954
X_6	-0.219	-0.234	-0.203	0.154	0.982	0.957
X_7	-0.140	-0.105	-0.089	0.044	0.956	0.933
X_8	0.337	0.234	0.203	0.269	0.766	0.715

由表 3-52 可以看出，最优尺度回归方程的 R 值为 0.539，R^2 为 0.290。另外，从方差分析表 3-53 中可得 F 值为 7.675，Sig. 为 0.000，小于 0.05 的显著水平，说明方程通过检验，具有统计学意义。从表 3-54 可以看到，X_3（家庭年均收入）对 Y_2（水土保持）的重要系数最大，为 0.409，其次为 X_8（林改前后对林业的投入），为 0.269，说明被调查者的家庭年均收入和林改前后对林业的投入相比于其他因素对水土保持的影响较大。

表 3-55 水土保持与其他变量的最优尺度回归系数

项目	标准系数		df	F	Sig.
	Beta	Estimate of Std. Error			
X_1	0.135	0.199	2	0.459	0.632
X_2	-0.017	0.070	1	0.061	0.806
X_3	0.290	0.088	3	10.778	0.000
X_4	0.026	0.127	1	0.041	0.840
X_5	0.075	0.047	1	2.543	0.112
X_6	-0.205	0.145	2	1.977	0.141
X_7	-0.091	0.063	2	2.088	0.126
X_8	0.232	0.079	2	8.677	0.000

根据最优尺度回归系数（表 3-55），水土保持与其他变量的最优尺度回归方程为：

$$Y_2 = 0.135X_1 - 0.017X_2 + 0.290X_3 + 0.026X_4$$
$$+ 0.075X_5 - 0.205X_6 - 0.091X_7 + 0.232X_8 \quad (3\text{-}10)$$

3.11.3.2 局部分析

由于选取的三个样本村各具特色，林权改革对环境影响的情况有所差异，因而本研究又对每个村的调查数据分别进行了最优尺度回归分析，以期使研究更具针对性。

3.11.3.2.1   党川村

党川村结合当地气候条件，近年来大力发展中药材种植和畜牧养殖业，生物多样性保护成果显著。由图 3-24 可知，有 91.2% 的被调查者认为当地生物多样性有所增加，超过九成（92.2%）的受访者认为林权改革后当地森林蓄积面积有所增大，可见林权改革已经取得了一些初步成果。此外，有 31.1% 的受访者认为森林旅游没有变化或者下降，当地相关部门今后要进一步加大旅游资源的开发，拓宽农户致富之路。

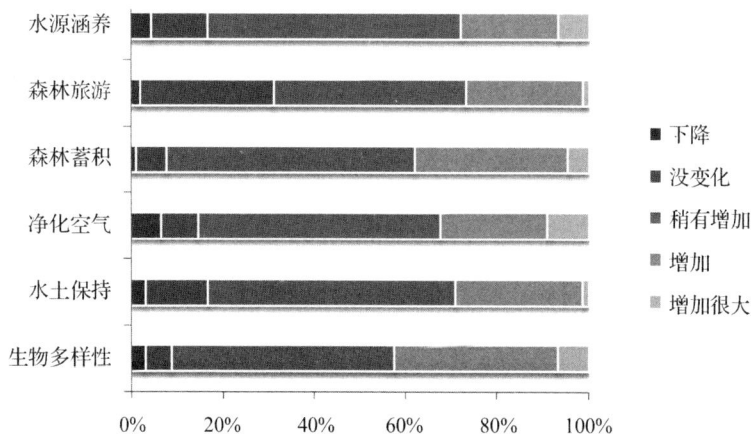

图 3-24   党川村林权改革对环境的影响情况

通过最优尺度回归分析可知，党川村林权改革对森林蓄积影响较大，R 值为 0.698，R^2 为 0.487，Sig. 为 0.000，通过显著性检验。其中，X_8（林改前后对林业的投入）对 Y_4（森林蓄积）的重要系数最大，为 0.370，说明林改前后对林业的投入对森林蓄积的影响显著。森林蓄积与其他变量的最优尺度回归方程为：

$$Y_4 = -0.197X_1 + 0.163X_2 + 0.035X_3 + 0.237X_4 - 0.018X_5$$
$$+ 0.348X_6 + 0.031X_7 + 0.342X_8 \tag{3-11}$$

3.11.3.2.2   后川村

后川村地处仙人崖景区旁，近邻佛教圣地净土寺，优越的地理位置促成旅游服务业为该村的主导产业。近年来，后川村依托景区资源优势，大力发展"农家乐"旅游服务业，农户生产生活得到了进一步改善。结合图 3-25 可以看出，有 95.6% 的被调查者认为当地森林旅游有所增加。此外，后川村的家庭年均收入是三个样本村中最高的，接近 30000 元。

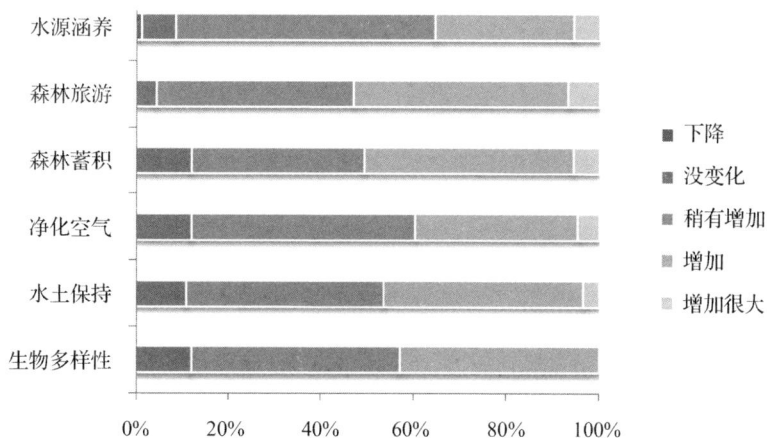

图 3-25 后川村林权改革对环境的影响情况

同理，后川村水源涵养与其他变量的最优尺度回归方程拟合结果较好，方程的 R 值为 0.698，R^2 为 0.487，Sig. 为 0.000，具有统计学意义。X_8（林改前后对林业的投入）对 Y_6（水源涵养）的重要系数最大，为 0.679，水源涵养与其他变量的最优尺度回归方程为：

$$Y_6 = -0.116X_1 + 0.193X_2 + 0.235X_3 + 0.314X_4 + 0.183X_5$$
$$+ 0.099X_6 - 0.236X_7 + 0.595X_8 \tag{3-12}$$

3.11.3.2.3 井儿村

井儿村位于素有"花椒之乡"美誉的元龙镇，以"花牛苹果"和"元龙花椒"为当地两大特色产业。从调查情况来看，有超过八成的受访者认为当地的水土保持、水源涵养和净化空气状况有所改善，大部分被调查者（61.9%）认为森林旅游没有变化（图 3-26）。

井儿村林权改革对水源涵养影响显著，R 值为 0.721，R^2 为 0.520，Sig. 为 0.000，通过显著性检验。水源涵养与其他变量的最优尺度回归方程为：

$$Y_6 = 0.116X_1 - 0.010X_2 + 0.564X_3 + 0.378X_4 - 0.237X_5$$
$$+ 0.154X_6 - 0.074X_7 + 0.605X_8 \tag{3-13}$$

3.11.4 结 论

通过对甘肃省天水市集体林权改革对环境影响的调查分析可以看出：

（1）通过采用最优尺度回归分析可以发现，林权改革对当地生态环境产生了一定影响。其中对水土保持和水源涵养的影响最为显著，而且林改前后对林业的投入均是对其产生影响的重要因素。因而，今后当地相关部门要加大对林业的投

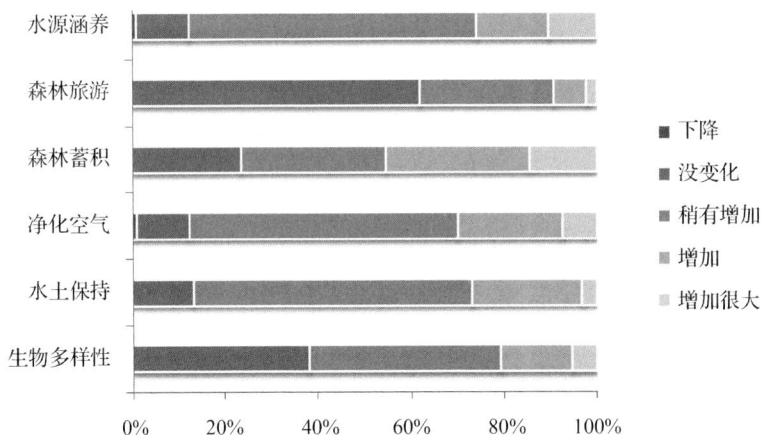

图 3-26　井儿村林权改革对环境的影响情况

入，制定科学的林业经营规划和方案，推进苹果、核桃、木耳等特色产业的发展，积极引进和推广新产品、新技术、新模式，注重林业科技发展，这将是促进林改和改善当地生态环境的良策。

（2）从林改对环境产生影响的时间因素考虑，生物多样性的增加和森林蓄积的提高需要较长时间才能展现成效，而水土保持、净化空气、森林旅游和水源涵养则可以在短期内看到效益。因此，政策的制定要有层次性、阶段性，逐步深入，注重生物多样性保护的长期发展，争取更好地发挥林改的经济效应、环境效应和社会效应。

（3）通过对党川村、后川村和井儿村典型村的分别走访和问卷调查分析，总结出天水市目前林下经济主要有三种形式，分别为林下种植、养殖和农家乐。各地要结合实际情况，大力开发特色产业，这是促进农户增收的关键，也是巩固集体林权制度主体改革成果及深化配套改革的有力支柱。

近几年天水市的林权改革工作已经取得了一定成效，当地生态环境也得到了一些改善。在今后的林改工作中，政府应当加大力度调动村民营林、造林的积极性，鼓励村民增加对林业的投入，促进林业的生产和发展。制定长期规划，同时加强相关政策的宣传和指导，增强实施与监督力度，保证政策的持续性和稳定性，确保林权改革顺利完成，同时实现当地生态环境的可持续发展。

第 4 章

林权制度改革前后林业投入与产出分析

自 2003 年我国开展新一轮集体林权制度改革以来，林改已走过了十个年头。2006 年全面启动全国范围的集体林权制度改革，辽宁、江西、陕西、湖南、云南、甘肃等省份也陆续加入到林改的行列中来，集体林权制度改革所取得的成效已经初步显现。如何衡量林改的效果，采用什么指标、什么方法成为很多学者关心的问题。雷加富认为集体林权制度改革设计的目标或衡量林改成功的标准之一就是要有利于林农收入的增加（雷加富，2006）。王文烂从农户林木产品销售收入变动的角度，探讨了集体林权制度改革对农户林业收入的影响（王文烂，2009）。除此之外，张蕾，文彩云，裴阳硕等人从不同角度分析了林改对农户生计农民收入的影响（张蕾，文彩云，2008）。孔凡斌、杜丽从全国和区域两个空间维度上对林改初期所产生的森林资源增长、林业投资与林业经济增长、林农收入、林业劳动力等方面的绩效进行了初步评价（孔凡斌，杜丽，2009）。冉陆荣、吕杰运用偏离—份额分析法对辽宁林改前后林业产业发展进行了分析（冉陆荣，吕杰，2010）。马梅芸等人着重比较分析了林改前后闽浙赣林业产业结构的变动情况（马梅芸等，2011）。

集体林权制度改革的投入与产出，从宏观角度看，国家为开展集体林权制度改革所投入的人力、物力和财力，政府对于农民的补贴支出，都属于集体林权制度改革的投入部分；集体林权制度改革所取得的成效包括资源增长、林业增效、农民增收等都属于集体林权制度改革的产出。从微观角度具体分析，森林资源增加，尤其是林地面积增加、林业生产经营支出等均属于投入；集体林权制度改革所产生的生态效益、社会效益和经济效益都属于产出。

本研究从微观角度，分别选取营林面积、营林投入和林业就业、林业产业产值进行集体林权制度改革的投入与产出分析，指标之间关系如图 4-1。营造林面积增加，使得农户对于营林的投入增加；农户营造林支出增加也会影响营林面积的变化；林业产业的发展会增加对劳动力的需求，从而促进林业就业；林业就业人数增加也必然会带动林业产业发展和产值的增加；营造林面积和营林投入会影响林业产业产值的变化，解决农村剩余劳动力，这些指标共同影响农民收入，达到集体林权制度改革的以兴林促富民的最终目标。

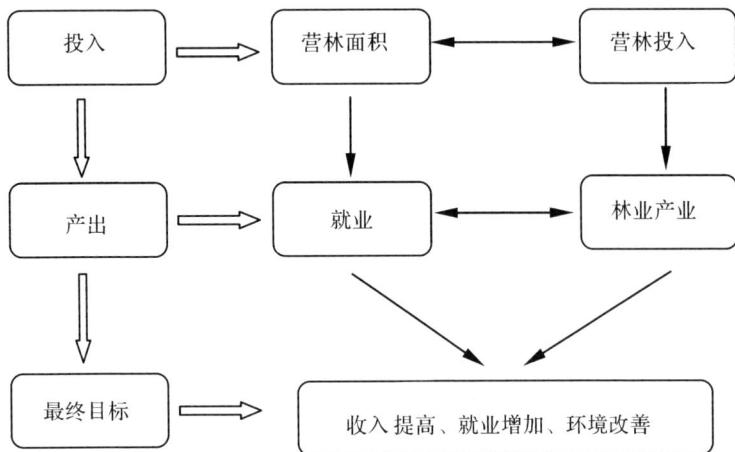

图 4-1　投入与产出分析所选取指标之间的关系

4.1　成本－效益分析的理论

　　成本—效益分析是通过比较项目的全部成本和效益来评估项目价值的一种方法，成本—效益分析作为一种经济决策方法，将成本费用分析法运用于政府部门的计划决策之中，以寻求在投资决策上如何以最小的成本获得最大的效益。常用于评估需要量化社会效益的公共事业项目的价值。

　　成本—效益分析方法的概念首次出现在 19 世纪法国经济学家朱乐斯·帕帕特的著作中，被定义为"社会的改良"。其后，这一概念被意大利经济学家帕累托重新界定。到 1940 年，美国经济学家尼古拉斯·卡尔德和约翰·希克斯对前人的理论加以提炼，形成了"成本—效益"分析的理论基础即卡尔德—希克斯准则。也就是在这一时期，"成本—效益"分析开始渗透到政府活动中，如 1939 年美国的洪水控制法案和田纳西州泰里克大坝的预算。60 多年来，随着经济的发展，政府投资项目的增多，使得人们日益重视投资，重视项目支出的经济和社会效益。这就需要找到一种能够比较成本与效益关系的分析方法。以此为契机，成本—效益在实践方面都得到了迅速发展，被世界各国广泛采用。

　　成本—效益分析法的基本原理是：针对某项支出目标，提出若干实现该目标的方案，运用一定的技术方法，计算出每种方案的成本和收益，通过比较方法，并依据一定的原则，选择出最优的决策方案(王占臣，张岩，2007)。

4.2 数据来源、研究方法

本研究的调查数据主要来源于 2009～2010 年集体林权制度改革监测报告。

4.2.1 数据来源

本研究所用数据来源于"集体林权制度改革监测"项目组编写的《2010 集体林权制度改革监测报告》和《2011 集体林权制度改革监测报告》("集体林权制度改革监测"项目组，2012)。其中，《2011 集体林权制度改革监测报告》增加了湖南和甘肃两省，分析中使用的大部分数据以该书为准，且林改前与 2009 年相关费用都已调整为 2010 年的水平，相关缺失数据则以《2010 集体林权制度改革监测报告》为准。由于福建、江西、辽宁、云南、陕西、湖南、甘肃各省开展集体林权制度改革的时间不同，同一省份各试点县实施集体林权制度改革的时间也略有差异，且湖南和甘肃两省集体林权制度改革开始时间较晚，因此研究中两省的数据为 2010 年数据，其他五省数据为 2009～2010 年数据。

4.2.2 研究方法

研究主要采用比较分析法，分别从营林面积和营林投入总量的增减幅度以及结构的变化情况着重分析集体林权制度改革对营造林面积和农户家庭营林投入的激励作用。另外，研究还采用对比评价法从社会效益和经济效益两方面来评价集体林权制度改革所取得成效，其中社会效益主要从各省林改前后样本农户劳动力工日变化和结构变化来反映，经济效益主要从各省林改前后林业产业产值和结构的发展动态来反映。在此基础上，研究还采用方差分析和配对样本 t 检验分别对比分析林改前后样本农户的人均纯收入、全省农村的人均纯收入的绝对值和相对值，以反映林改的效果。

4.3 林权制度改革对营造林面积和家庭林业投入的影响

4.3.1 营造林面积

表 4-1 为集体林权制度改革前后辽宁等 7 省份样本县营造林面积变化情况，包括营林面积总计、荒山荒(沙)地造林面积、有林地造林面积、更新造林面积、低产低效林改造面积以及中幼林抚育面积。其中营林面积以及平均值的单位为万 hm^2，其他各项均为占所在省份及不同年份营林总面积的百分比。

表4-1　林改前后七省样本县营造林面积变化

省份	年份	营林面积 总计 （万 hm²）	荒山荒(沙)地 造林面积占 营造林面积 百分比(%)	有林地 造林面积占 营造林面积 百分比(%)	更新 造林面积占 营造林面积 百分比(%)	低产低效林改 造林面积占 营造林面积 百分比(%)	中幼林抚育 面积占营造 林面积百分 比(%)
辽宁	林改前	16.57	24.74	61.13	3.44	2.29	8.45
	2009 年	13.50	34.96	39.70	2.07	11.41	11.93
	2010 年	16.37	24.68	41.97	2.87	9.53	20.95
福建	林改前	7.47	2.68	6.69	10.17	—	80.46
	2009 年	32.49	1.39	2.03	6.74	—	89.84
	2010 年	2.87	18.12	7.67	67.94	6.27	—
江西	林改前	—	—	—	—	—	—
	2009 年	9.35	24.71	0	3.32	7.27	64.71
	2010 年	12.65	31.70	0	8.93	7.19	52.17
陕西	林改前	12.28	35.91	4.15	0.81	4.32	54.80
	2009 年	12.70	37.32	3.54	2.36	4.88	51.89
	2010 年	13.23	25.40	3.85	2.65	5.22	62.89
甘肃	林改前	3.28	6.40	2.74	5.18	2.44	83.23
	2009 年	—					
	2010 年	3.25	7.69	1.54	2.77	2.46	85.54
湖南	林改前	—	—	—	—	—	—
	2009 年	—	—	—	—	—	—
	2010 年	—	—	—	—	—	—
云南	林改前	—	—	—	—	—	—
	2009 年	—	—	—	—	—	—
	2010 年	—	—	—	—	—	—
平均	林改前	9.90	2.23	2.81	0.40	0.25	4.22
	2009 年	17.01	3.06	1.62	0.77	0.71	10.86
	2010 年	9.67	2.44	1.53	0.80	0.68	4.23

从营造林总面积平均值来看，林改前和2010年相差不大，2009年面积增加主要是由于福建省林改前中幼林抚育面积所占比重就很大，且2009年面积较林改前增加了9.38个百分点，说明林改后福建省森林抚育工作得到加强。除福建省外，其他各省自林改前至2010年营林总面积没有太大变化或者有小幅度的增加，可能是由于林业发展的长周期性导致林改效果还没有完全显现，或者由于抚育补贴的不到位，一定程度影响了农户营造林的积极性，具体原因还需要后续调查和分析。

从结构来看，福建、江西、陕西、甘肃在营林总面积中所占比重最大的均是中幼林抚育，且辽宁省中幼林抚育面积也一直呈现逐年增长态势，说明无论是在林改的初期改革阶段还是深化改革阶段，森林资源"增量提质"都应成为营造林发展的主要方向（"集体林权制度改革监测"项目组，2012）。除此之外，荒山荒地造林面积在辽宁、江西、陕西的营造林总面积中也有不小的优势，只有将更多的林业生产要素和精力投入到荒山荒地造林中，才能达到改革初期增加森林面积的目标。低产低效造林面积林改之后各省均有不同幅度的增加，虽然绝对值较小，但也说明了农户对于森林培育的重视。

    由于各省林业环境、地理位置及气候等的差异，营造林面积总量及结构的变化各有不同。各省要在集体林权制度改革的带动下，结合省内林业特点积极消灭荒山荒地，增加森林面积，优化森林资源。

4.3.2　家庭营林投入

    表4-2为集体林权制度改革前后辽宁等7省份样本农户家庭营林要素投入情况，包括农户营林总投入、劳动力投入（包括自投劳动力和雇佣劳动力，此处细分项省略）、种苗、机械、化肥农药、税收以及其他投入。其中农户营林总投入和平均值的单位为万元，其他各项均为占所在省份及年份总投入的百分比。

表4-2　林改前后七省样本农户家庭营林要素投入情况

省份	年份	农户营林投入总计（万元）	劳动力投入占营林总投入百分比（%）	种苗占营林总投入百分比（%）	机械投入占营林总投入百分比（%）	化肥农药投入占营林总投入百分比（%）	税收投入占营林总投入百分比（%）	其他投入占营林总投入百分比（%）
辽宁	林改前	104.13	64.98	23.94	1.13	7.17	0	2.78
	2009 年	163.24	68.19	18.80	3.06	6.60	0.72	2.63
	2010 年	156.48	76.93	11.66	1.61	6.67	0	2.27
福建	林改前	198.65	71.88	1.35	1.99	23.96	0	0.83
	2009 年	670.87	50.26	11.61	5.88	25.16	0	7.09
	2010 年	694.53	70.07	1.90	1.21	25.39	0.26	1.16
江西	林改前	95.92	83.52	13.77	0.01	2.67	0	0.03
	2009 年	242.98	75.94	8.08	0.47	4.62	0	10.89
	2010 年	306.46	88.75	7.28	0.18	3.39	0	0.40
云南	林改前	138.78	67.83	16.29	0.78	14.01	0.79	0.30
	2009 年	208.08	72.88	14.54	2.07	8.98	0.45	1.10
	2010 年	—	—	—	—	—	—	—
陕西	林改前	131.36	68.53	11.85	1.00	8.78	0	9.84
	2009 年	177.18	71.08	8.20	1.63	7.44	0	11.65
	2010 年	223.84	67.70	6.88	1.01	8.73	0	15.68

（续）

省份	年份	农户营林投入总计（万元）	劳动力投入占营林总投入百分比（%）	种苗占营林总投入百分比（%）	机械投入占营林总投入百分比（%）	化肥农药投入占营林总投入百分比（%）	税收投入占营林总投入百分比（%）	其他投入占营林总投入百分比（%）
甘肃	林改前	43.22	—	—	—	—	—	—
	2009 年	—	—	—	—	—	—	—
	2010 年	72.17	50.96	0.08	0.12	47.47	0	1.36
湖南	林改前	—	—	—	—	—	—	—
	2009 年	—	—	—	—	—	—	—
	2010 年	—	—	—	—	—	—	—
平均	林改前	118.68	94.94	15.80	1.51	17.72	0.22	3.58
	2009 年	292.47	182.12	34.60	10.55	44.54	0.42	20.24
	2010 年	290.7	213.46	13.85	2.77	50.20	0.63	9.78

　　从平均值来看，林改前至 2009 年营林总投入有很大幅度的增加，2010 年又有小幅减少，造成这一结果的原因是，各省自林改前至 2009 年营林投入大幅增加，2010 年多数省份增加速度减缓，辽宁省营林总投入减少。这也符合林业经营投入一般在前几年投入较多，后期会有所回落的特点。另外，在 2009 年增加较多而 2010 年又有所回落的投入还有种苗、机械和其他投入。无论从各省种苗投入和机械投入的绝对值来看，还是从各省种苗和机械投入在其营林总投入中所占的比重看，二者均呈现出与其平均值变化相同的特点。原因是受国家惠农惠林政策的影响，营林补贴降低了农户营林种苗的支出，并且林业机械是耐用品，可多年使用，前期的大量投入会使后期支出相应地减少（"集体林权制度改革监测"项目组，2012）。

　　从营林总投入的结构来看，占比重最大的始终是劳动力投入，劳动力投入下的自投劳动力大于雇佣劳动力，因为林业具有典型的劳动密集型特征，同时农户投入劳动力又以自家劳动力投入为主，雇佣别家劳动力为辅。各省不同时间段劳动力投入增减不一，具体原因需结合当地样本农户情况进行分析。

4.4　林权改革所产生的社会效益和经济效益

4.4.1　社会效益

　　表 4-3 为集体林权制度改革前后辽宁等 7 省份样本农户劳动力工日变化情况，包括家庭自投劳动力、雇佣劳动力、外出涉林打工和本地涉林打工 4 项。部分省份数据缺失，因此着重从有数据省份的平均水平的行、列分析劳动力工日的

增减幅度和结构变化。

表 4-3　林改前后七省样本农户劳动力工日变化

省份	年份	家庭自投劳动力（工日）	雇佣劳动力（工日）	外出涉林打工（工日）	本地涉林打工（工日）
辽宁	林改前	13111	19543	260	4431
	2009 年	20677	25395	940	5790
	2010 年	15541.5	12063	200	5421
福建	林改前	—	—	—	—
	2009 年	32208	—	1092	5269
	2010 年	—	—	—	—
江西	林改前	14524	800	1765	21647
	2009 年	25459	2564	3184	73120
	2010 年	—	—	2179	92497
云南	林改前	20021	1332	950	4903
	2009 年	26447	1437	2085	5048
	2010 年	—	—	—	—
陕西	林改前	17489	2417	511	5810
	2009 年	19641	3881	721	8265
	2010 年	18087	2797	62	39798
甘肃	林改前	6782	607	—	74
	2009 年	—	—	—	—
	2010 年	9012	1177	—	98
湖南	林改前	—	—	—	—
	2009 年	—	—	—	—
	2010 年	—	—	—	—
平均	林改前	14385	4940	872	7373
	2009 年	24886	8319	1604	19498
	2010 年	14214	5346	814	34454

从平均的列项来看，家庭自投劳动力、雇佣劳动力、外出涉林打工和本地涉林打工自林改前至 2009 年均有不同程度的增长，分别增长 73.0%、68.4%、83.9% 和 164.5%，而在 2010 年前三项均有不同程度的回落。其中家庭自投劳动力和外出涉林打工 2010 年的水平低于 2009 年，这可能是辽宁、陕西等省份 2010 年水平过低拉低了平均水平引起的。这种现象表明，林业吸纳劳动力的数量并不是一成不变或持续增加的，林改后的最初几年增加较快，但随后增加速度可能会减慢甚至出现回落。值得一提的是本地涉林打工 2010 年为 34454 个工日，比林改前增加了 3.67 倍，这主要是由于江西省和陕西省在 2010 年本地涉林务工

大幅增长的缘故。

从平均行项来看，在家庭自投劳动力、雇佣劳动力、外出涉林打工和本地涉林打工4项中，无论在林改前，2009年还是2010年，家庭自投劳动力和本地涉林打工的工日数总是居于前两位。林改前，家庭自投劳动力是本地涉林打工工日数的约2倍，即劳动力中较大一部分为家庭自投劳动力。林改后2009年本地涉林打工增长速度加快，尤其是2010年本地涉林打工快速增长为家庭自投劳动力的2.42倍，可见集体林权制度改革使实施改革的当地林业得以发展，并由此增加了家庭营林的自投劳动力以及当地对本地涉林打工的需求。从数据中还可以看出，外出涉林打工工日在林改前后均是四项中最少的，说明以涉林打工谋生的农户大多还是在本地打工，外出涉林打工只占少数，这一点并没有因林改的实施而发生变化。另外，家庭自投劳动力和雇佣劳动力虽然在林改前、2009年和2010年有增有减，且增减幅度不同，但各省平均来看林改前样本农户营林生产每投入1个劳动力，就要外雇0.34个劳动力，2009年则需外雇0.33个劳动力，2010年增长为外雇0.38个劳动力。2010年雇佣劳动力较林改前相对于家庭自投劳动力有所增加，但增加较少。

综上所述，林业是一个劳动密集型行业，森林资源的增加和林业的发展可以吸引农村劳动力，从而为农民增加就业机会。至此，集体林权制度改革的开展促进了林业的发展并在一定程度上解决了农村剩余劳动力就业问题，其社会效益初步显现。

4.4.2　经济效益

集体林权制度改革前后7省份样本县林业第一、第二、第三产业以及产业总产值2009～2010年增长速度和林业产业结构见表4-4。其中，由于甘肃和湖南二省缺乏2009年数据，因此无相应的计算结果。并且由于各省开展集体林改时间不一致，因此只计算林改后2009～2010年间第一、第二、第三产业以及产业总产值的增长率。

表4-4　林改前后7省份样本县林业产业发展情况

省份	年份	第一产业增长率(%)	第二产业增长率(%)	第三产业增长率(%)	林业总产值增长率(%)	产业结构比值
辽宁	林改前 2009年 2010年	6.64	13.62	1.51	0.44	52.24:29.43:18.33 64.79:25.03:10.18 64.06:26.36:9.58

（续）

省份	年份	第一产业增长率(%)	第二产业增长率(%)	第三产业增长率(%)	林业总产值增长率(%)	产业结构比值
福建	林改前					57:41.1:1.9
	2009 年	1.50	37.43	2.09	1.39	30.12:65.1:4.78
	2010 年					24.47:71.62:3.91
江西	林改前					42.75:39.68:17.57
	2009 年	14.88	10.91	8.08	0.16	38.45:39.35:22.2
	2010 年					39.5:39.03:21.46
云南	林改前					69.9:27.78:2.32
	2009 年	19.05	25.61	63.70	0.38	76.09:22.11:1.81
	2010 年					74.67:22.89:2.44
陕西	林改前					85.4:8.79:5.8
	2009 年	5.23	22.41	30.06	0.06	69.06:14.34:16.61
	2010 年					64.99:15.69:19.32
甘肃	林改前					87.29:9.88:2.83
	2009 年	—	—	—	—	—
	2010 年					87.5:10.65:1.85
湖南	林改前					60.39:30.48:9.14
	2009 年	—	—	—	—	—
	2010 年					55.35:31.3:13.36

从表4-4中前五省第一、第二以及第三产业2009～2010 年的增长率来看，第一产业各省份平均增长率最低为9.46%，第二产业各省份平均增长率最高为22%，第三产业各省份平均增长率为21.09%，与第二产业接近。从调查统计数据来看，符合我国目前大力优化林业产业结构的情况和林业产业结构向合理化、高级化过渡的情形，即林业产业中第二、三产业地位比重增加，产业结构逐步合理的动态过程(张帆，2012)。

林业第二产业增长速度最快的省份为福建省，可能是因为福建省样本县林产品加工技术以及林产品综合利用能力比较高的缘故。林农森林资源的开发能力在提高，林产品加工意识也在增强("集体林权制度改革监测"项目组，2012)。林业第三产业2009～2010 年增长最快的为云南省，说明作为朝阳产业的林业第三产业产值增长正迅速成为林业产业增长的一个新亮点。然而该省第三产业在产业结构中所占比例较小，说明森林旅游资源和林业服务业还有待开发。林业总产值2009～2010 年增速尤为突出的是福建省，原因在于福建省2003 年在全国率先开展了集体林权制度改革，距2010 年已有八年的时间。林业生产的长周期性使得任何改革和相关工程的效益无法立刻显现，而福建省是全国最早进行林改的省份，因此该省林业产业产值增长速度较其他省份相比较快。

与 2009 年全国林业产业结构的比例 41：50：9 和 2010 年的 37.8：53.2：9 相比，与全国水平相当的为福建省和江西省，略落后于全国水平的省份为甘肃省、云南省、陕西省、辽宁省和湖南省。在产业合理化进程中，林业第二产业发展优于第一产业的发展是合乎产业发展规律的，并且在整个产业结构中，应由第一产业占主导地位转变为第二、三产业占主导地位，与世界林业发达国家相比，林业第二、第三产业产值比重至少应达到 70% 以上。江西省与福建省林业产业结构虽与全国水平相当，但江西省第二产业发展优势并不明显，福建省则需大力发展森林旅游业，增强第三产业竞争力。甘肃等五省份存在的问题一致，都是第一产业对整个林业经济增长的贡献最大，林业经济增长方式较为粗放，第二、第三产业的发展滞后。

比较各省份林改前后林业产业结构，林改后福建、江西、陕西和湖南四省第二、第三产业所占比例较林改前有所增加，其中福建省增加幅度较大，原因是由于福建省在全国最早开展集体林权制度改革，8 年时间后其第二、第三产业的投入效果已初步显现出来，因此其增长速度较大。辽宁、甘肃和云南 3 省份林业产业结构并无太大变化，具体情况需要根据后期调查结果进行具体分析。

4.5　林权制度改革前后农户人均纯收入分析

对辽宁、福建、江西、陕西和云南 5 省份林改前以及 2009 年样本农户人均纯收入进行方差分析，并对 5 省份林改前以及 2009 年全省农村人均纯收入进行配对样本 t 检验，分别分析林改前和林改后样本农户人均纯收入、全省农村人均纯收入是否有差异，具体结果见表 4-5、表 4-6。在分析中，由于缺乏 2010 年统计数据，因此暂不进行分析。

表 4-5　5 省份林改前后样本农户人均纯收入方差分析表

项目	平方和	自由度	均方和	F 值	Sig. 值
组间	2.236E7	1	2.236E7	8.086	0.022
组内	2.212E7	+8	2765159.351		
总和	4.448E7	9			

方差分析结果显示，Sig 值为 0.022，小于 0.05，即 5 省份样本农户人均纯收入在林改前和林改后 2009 年是存在差异的，说明集体林权制度改革确实对样本农户人均纯收入产生了一定的影响。

表 4-6　5 省份林改前后全省农村人均纯收入配对样本 t 检验

项目	配对检验差异					t 值	自由度	Sig. 值
	均值	标准差	标准误均值	95% 置信区间				
				下限	上限			
林改前收入 – 林改后收入	−2001.158	909.880	406.911	−3130.924	−871.392	−4.918	4	0.008

配对样本 t 检验结果显示，Sig 值为 0.008，小于 0.05，即 5 省份农村人均纯收入在林改前和林改后 2009 年是存在差异的。单纯根据计算结果可以看出，集体林权制度改革对 5 省份的农村人均纯收入也产生了一定影响。

4.6　结　论

林业生产的长周期性使得林改深化改革的效果不能很快显现，但根据相关调查数据的分析可以得出以下结论：

（1）各省份林改前至 2010 年营林总面积没有太大变化或小幅度增加；多数省份中幼林抚育面积占营造林总面积的比重最大；各省份低产低效林改造面积在林改之后均有不同幅度的增加，说明农户对于森林培育较为重视。

（2）林业经营投入在初期较多，后期会有所下降。国家营林补贴政策使农民的种苗支出降低。由于林业具有典型的劳动密集型特征，因此劳动力投入占营林总投入比重最大。

（3）林改促进了各地林业的发展，并且增加了家庭营林的自投劳动力以及当地对本地涉林打工的需求。

（4）调查分析显示，林业第二产业增速最快的为福建省，第三产业增速最快的为云南省。由于福建省 2003 年在全国率先开展了集体林权制度改革，林改开展较早，因此对林业第二产业投入的效果初步显现，发展速度较快。

（5）集体林权制度改革对于样本农户人均纯收入具有一定程度的影响，但是有多大程度的影响，仍需进行深入细致的分析。

总之，由于各省份集体林权制度改革展开的时间、林业生产环境、地理位置、社会经济状况以及市场需求的不同，林改所取得的效果也不完全相同。随着集体林权制度改革的深入开展，林业投入产出的效果也会不同的。

第 **5** 章

林权改革后林地小规模、
分散化经营的优化技术研究

林权改革一方面调动了农民的积极性，促进了林业生产力的发展；另一方面，却引起了林地的破碎化，出现了规模不经济的现象。因此，研究林权改革后林地的适度经营规模和林地小规模、分散化经营的优化技术，对促进林权改革的深入发展和林业的规模化经营具有重要的意义和作用。

5.1 森林资源适度经营规模研究的必要性

为了解放和发展林业生产力，推动林业又快又好发展，充分发挥林业在加快新农村建设中的重大作用（贾治邦，2006），促进林业资源增长和林农收入增加，2003 年 6 月，随着《中共中央、国务院关于加快林业发展的决定》的出台，我国集体林权制度改革正式拉开序幕，首先在福建、江西和辽宁试点进行。2008 年 6 月，中共中央、国务院颁布《关于全面推进集体林权制度改革的意见》，充分肯定了新中国成立以来林业建设所取得的成就，并对集体林权制度改革的内容、目标和措施做出了详细规定，标志着集体林权制度改革在全国范围内全面推进。温家宝总理在 2010 年《政府工作报告》中指出，集体林权制度改革是我国继土地家庭承包经营后的又一重大变革。通过近几年的改革，林地产权逐渐明晰，农户逐渐变为山林的主人，对林业投入的积极性也不断增强。集体林权制度改革后，农户林地经营规模的大小关系着其收入的高低，并影响森林经营的效率，受到各方的广泛关注。同时，从农户林地经营的意愿出发，研究影响其经营规模的因素，有助于促进林农增收和林区的和谐发展。

对经营规模的研究需要综合考虑生产经营过程中所涉及的各种生产要素，比如生产要素的数量、生产技术和产出水平等，不同的经营规模带来的经济效益也会不同。经营规模过小会导致林地资源破碎化，不具有规模经济效益。但并非林地经营规模越大，效益就越高，根据微观经济学的相关原理，只有在某一点、某一规模上进行林地经营，才会取得最优的经营收益（黄延廷，2011）。因而，注重发展林地的适度经营，有利于森林资源的循环可持续利用，在保障森林资源的生态和社会效益的同时，不断提高森林经营的经济效益。

5.2 理论基础与研究方法

5.2.1 理论基础

从经济学的角度看，土地适度经营规模指的是投入生产中的土地、劳动、技术设备等生产要素能够达到优化组合，并且取得最佳投入产出效益时生产单位所经营的土地面积大小（韩喜平，2009）。本研究在结合经营规模和土地适度经营规模的基础上，提出林地适度经营规模的概念，即适度扩大林地的经营规模，使得生产要素组合趋于优化，从而增加农户的经济效益。

土地规模经济与不经济可以用图 5-1 来解释。在图 5-1 中，纵轴代表产品平均成本的变化，横轴代表土地经营规模的变化，曲线 LAC 表示随着土地经营规模变动而变化的长期平均成本曲线。因为长期生产过程中存在规模经济和规模不经济阶段，所以导致 LAC 曲线呈现先下降后上升的 U 形（高鸿业，2007）。与长期平均成本曲线的最低点 S 相对应的经营规模 OS′才为最佳土地经营规模或者称为适度土地经营规模（董藩等，2010）。

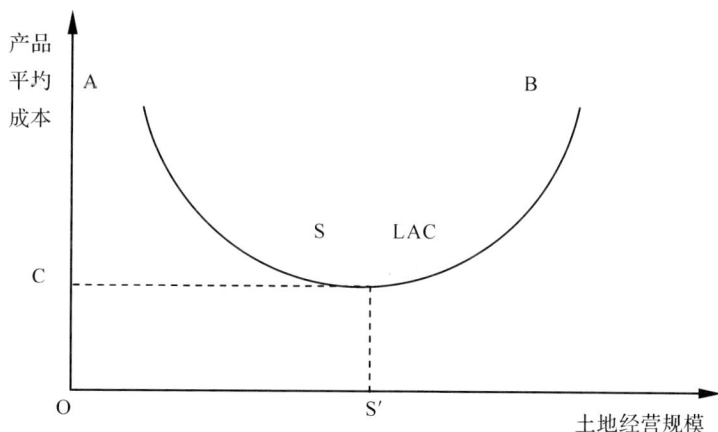

图 5-1　土地规模经济示意图

借鉴西方经济学中的边际报酬递减规律来研究土地经营的收益变化情况，可以概括为在技术水平和其他投入不变的前提下，当土地经营规模小于某一特定值时，扩大土地经营规模所带来的单位面积纯收入是递增的；当连续扩大土地经营规模并超过这个特定值时，扩大土地经营规模所带来的单位面积纯收入是递减的，如图 5-2。

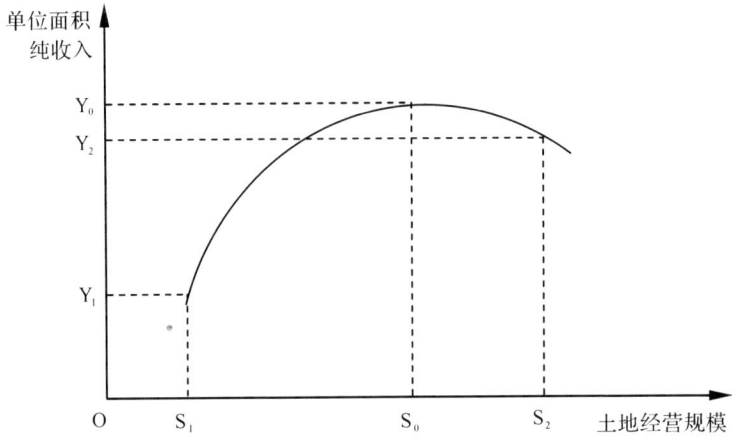

图 5-2　土地规模效益示意图

5.2.2　研究方法与影响因素的选择

　　本研究采取抽样调查的方法，对研究区域的农户进行实地问卷调查，通过 SPSS 统计分析软件，建立最优尺度回归分析模型，从而确定对农户林地经营规模影响最显著的因素。在选取影响农户林地经营规模的因素时，主要从农户的基本情况和林地经营情况两个方面来考虑的。有关农户的基本情况方面，主要选取农户的职业、性别、年龄、文化程度、家庭人口数、家庭劳动力数量和家庭年均收入为因素变量。在研究林地经营情况时，主要选取家庭年均林业收入占家庭总收入的比例、家庭年均林业投入、农户对林权改革政策的态度、家庭林地经营面积、农户期望的家庭林地经营面积和农户喜欢的林地经营模式为因素变量。对本研究所选取的因素变量具体定义见表 5-1。

表 5-1　因素变量名称及赋值

因素变量名称		因素变量赋值
农户的职业	o	纯务农 =1，务农兼打工 =2，务农兼副业 =3，长期外出打工 =4，固定工资收入 =5，其他 =6
性别	g	男性 =1，女性 =2
年龄	a_g	18 岁以下 =1，18～25 岁 =2，25～35 岁 =3，35～45 岁 =4，45～55 岁 =5，55 岁以上 =6
文化程度	e	小学及以下 =1，初中 =2，高中/中专 =3，大专 =4，本科以上 =5

(续)

因素变量名称		因素变量赋值
家庭人口数	f_n	
家庭劳动力数量	w_n	
家庭年均收入	i	10000 元以下 =1，10000～20000 元 =2，20000～30000 元 = 3，30000 元以上 =4
家庭年均林业收入占家庭总收入的比例	p	10% 以下 =1，10%～30% =2，30%～50% =3，50% 以上 =4
家庭年均林业投入	f_i	1000 元以下 =1，1000～2000 元 =2，2000～3000 元 =3，3000 元以上 =4
对林改的态度	a_t	满意 =1，不满意 =2，其他 =3
家庭林地经营面积	s	
农户期望的家庭林地经营面积	e_s	
农户喜欢的林地经营模式	m	个人家庭经营 =1，联户承包经营 =2，转让 =3，出租 =4，入股 =5，抵押 =6，其他 =7

5.3 数据收集与分析

5.3.1 数据收集

通过采取农户实地问卷调查和与乡、镇的林改工作人员座谈相结合的方法，在随机抽样的基础上，选取了甘肃省天水市的党川村、后川村和井儿村这三个具有代表性的村作为本次调查的研究对象。于 2012 年 12 月进行调研，共发放问卷 300 份，回收有效问卷 278 份，问卷回收率为 92.67%，其中党川村、后川村和井儿村回收的有效问卷分别为 90、91 和 97 份。为了进行比较分析，选取秦皇岛市英武山村和下铺村为另一调查研究对象。共发放问卷 100 份，回收有效问卷 99 份，两村分别回收有效问卷 49 份和 50 份。

5.3.2 描述统计分析

5.3.2.1 天水市调查数据的描述统计

（1）被调查者基本情况

调查显示职业单纯为务农的农户，其家庭年均收入多在 10000 元以下，而从事务农兼打工和务农兼副业的家庭年均收入要稍高些，多集中在 10000～20000 元，见表 5-2。可见，增加农户的就业渠道、拓宽致富之路，有利于改善农户生产生活水平。

表 5-2　家庭年均收入和农户职业的交叉列联表　　　　单位：人

职业	家庭年均收入				合计
	≤10000 元	10000～20000 元	20000～30000 元	≥30000 元	
纯务农	35	20	8	2	65
务农兼打工	30	79	26	17	152
务农兼副业	0	31	6	15	52
长期外出打工	0	4	1	0	5
固定工资收入	0	0	3	0	3
其他	0	0	0	1	1
合计	65	134	44	35	278

（2）对林改的态度和家庭林地经营情况

2011 年 8 月，天水市集体林权制度改革通过了省级验收，这标志着历时三年的集体林权制度主体改革任务全面完成。农户在被问及对林改是否满意时，有 91% 的受访者表示满意，只有 5% 的被调查者表示不满意，4% 的人持有其他态度。整体情况表明，农户已普遍接受林权制度改革，并对其成果持肯定态度。

通过问卷统计可知，有 69.4% 的被调查者的家庭年均林业收入占家庭总收入的比例低于 30%，农户每年对林业的投入多集中在 1000～2000 元，但随着农户家庭年均收入的增加，对林业的投入也相应增加，如图 5-3。

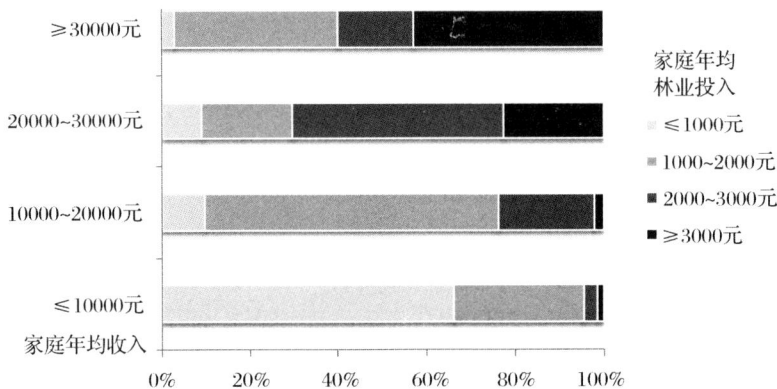

图 5-3　不同家庭年均收入的被调查者对林业的投入情况

此外，家庭户均林地经营面积约为 0.33hm²，而农户期望的户均林地经营面

积约为 $0.95hm^2$ ，可见农户实际经营的林地面积与其期望的林地面积还有一定差距。针对林地经营模式的意愿选择，超过六成，即 65.8% 的受访者倾向于个人家庭经营，另有 25.2% 表示喜欢联户承包经营模式。由表 3 可以看出，初中及以下文化程度的农户多选择个人家庭经营。另外，农户的文化程度越高，选择其他经营模式的越多。

表 5-3　农户喜欢的林地经营模式和文化程度的交叉列联表　　　单位：人

文化程度	喜欢的林地经营模式					合计
	个人家庭经营	联户承包经营	转让	出租	入股	
小学及以下	48	3	2	1	0	54
初中	108	31	4	5	0	148
高中/中专	25	33	6	5	1	70
大专	2	3	0	0	1	6
合计	183	70	12	11	2	278

5.3.2.2　秦皇岛市调查数据的描述统计

（1）被调查者基本情况

在秦皇岛市回收的有效问卷中，被调查者的职业以务农兼打工为主，占 38.4%；其次为纯务农，占 23.2%，另外还有部分被调查者具有固定工资收入或者长期外出打工，两类均占 13.1%，由表 5-4 所示，职业为纯务农的被调查者年纪较大，多集中在 45~55 岁，而年纪在 35~45 岁的被调查者多从事务农兼打工职业，年纪在 35 岁以下的多长期外出打工或者有固定工资收入，可见被调查者年龄越小越少参与农业生产。

表 5-4　农户职业和年龄的交叉列联表　　　单位：人

年龄	职业						合计
	纯务农	务农兼打工	务农兼副业	长期外出打工	固定工资收入	其他	
≤18	0	0	0	0	0	1	1
18~25	0	1	0	3	2	2	8
25~35	0	6	2	7	7	0	22
35~45	4	23	2	1	1	1	32
45~55	14	8	3	2	3	0	30
≥55	5	0	1	0	0	0	6
合计	23	38	8	13	13	4	99

（2）对林改的态度和家庭林地经营情况

秦皇岛市从 2006 年开始，依据省政府的统一部署，对全市 25.52 万 hm² 集体林地进行林权制度改革，占全市林业用地面积的 57.39%。截至 2012 年，全市已有 25.13 万 hm² 林地产权得到明晰，完成总任务的 98.46%；已有 24.51 万 hm² 林地完成登记并发放林权证，占总任务的 96.05%，集体林权制度主体改革任务已基本完成。农户在被问及对林改是否满意时，有 88.9% 的受访者表示满意，只有 5.1% 的被调查者表示不满意，6.1% 的人持有其他态度。整体情况表明，农户已普遍接受林权制度改革，并对其成果持肯定态度。

通过问卷统计可知，有 65.7% 的被调查者的家庭年均林业收入占家庭总收入的比例低于 30%，农户每年对林业的投入多集中在 1000～2000 元，有 37 人，占 37.4%。结合表 5-5 可以看出，被调查者家庭年均林业收入占家庭总收入的比例越高，其家庭对林业的年均投入越多。

表 5-5　家庭年均林业投入和林业收入占总收入的比例的交叉列联表　单位：人

家庭年均林业收入占家庭年均林业投入	家庭总收入的比例				合计
	≤1000 元	1000～2000 元	2000～3000 元	≥3000 元	
≤10%	12	7	1	0	20
10%～20%	15	21	7	2	45
20%～30%	3	8	8	6	25
≥30%	0	1	4	4	9
合计	30	37	20	12	99

此外，被调查者的家庭户均林地经营面积约为 0.45hm²，而农户期望的户均林地经营面积约为 1.20hm²，可见农户实际经营的林地面积与其期望的林地面积还有一定差距。针对林地经营模式的意愿选择，有 41.4% 的受访者倾向于个人家庭经营，另有 26.3% 表示喜欢联户承包经营模式。由表 5-6 可见，受访者的年纪越大，选择个人家庭经营的人数越多，55 岁以上的被调查者均选择个人家庭经营。

当分析农户喜欢的林地经营模式和文化程度的关系时，如图 5-4，初中及以下文化程度的受访农户多选择个人家庭经营，并且随着农户文化程度的提高，选择其他经营模式的人也越多。

表5-6　农户喜欢的林地经营模式和年龄的交叉列联表　　　单位：人

年龄	您喜欢的林地经营模式							合计
	个人家庭经营	联户承包经营	转让	出租	入股	抵押	其他	
≤18	0	0	0	0	0	1	0	1
18～25	1	4	0	1	2	0	0	8
25～35	2	7	4	6	3	0	0	22
35～45	16	9	2	1	2	1	1	32
45～55	16	6	2	4	2	0	0	30
≥55	6	0	0	0	0	0	0	6
合计	41	26	8	12	9	2	1	99

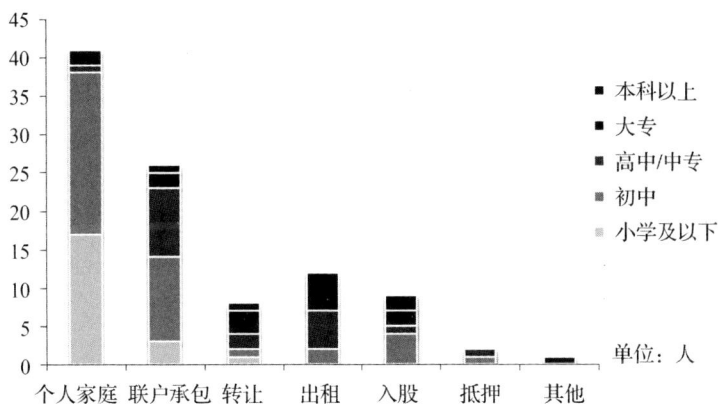

图5-4　不同文化程度的农户喜欢的林地经营模式情况

5.3.3　两市调查数据比较分析

通过对天水市和秦皇岛市调查问卷的描述性统计分析可以看出，有关被调查者的基本情况方面，两市被调查者的职业均以务农兼打工为主，但秦皇岛市具有固定收入的受访农户也占有一定比例。此外，两市被调查者均以中年男性为主，文化程度多为初中学历，秦皇岛市被调查农户的家庭人口数和家庭劳动力数量均稍少于天水市，但家庭收入多在 20000 元以上，高于天水市的 10000～20000 元。

有关林地经营方面，两市受访农户对林改的满意度都在90%左右，都有超过六成的被调查者的家庭年均林业收入占家庭总收入的比例低于30%，且农户每年对林业的投入多集中在 1000～2000 元。秦皇岛市被调查者的家庭户均林地经营面积约为 0.45hm² 稍多于天水市的 0.33hm²，而两市农户期望的户均林地经营面积都将近为其实际经营面积的 3 倍。另外，两市的被调查农户大多比较倾向于个人家庭经营，但秦皇岛市的被调查者选择其他经营模式的比例要多于天水市。

5.3.4　模型构建

5.3.4.1　多维量表分析

针对以上的调查数据，首先采用多维量表分析方法来研究各因素对农户期望的家庭林地经营面积的影响情况。以天水市为例，通过 SPSS20.0 软件计算的天水市调查数据的 Young's 压力系数通过多维尺度转换，把数据转换成二维空间，表 5-7 给出了各变量的具体坐标。

表 5-7　变量坐标值

序号	变量名称	1	2
1	o	0.4426	0.4469
2	g	− 1.6607	− 1.2241
3	a_g	1.1741	− 1.4462
4	e	0.1540	1.2965
5	f_n	− 1.5879	0.4509
6	w_n	− 0.3156	0.0537
7	i	1.0235	0.8420
8	p	1.6093	0.1847
9	f_i	1.7037	0.0203
10	a_t	− 1.0737	− 1.5602
11	s	− 0.2015	− 0.2331
12	e_s	0.0174	0.4326
13	m	− 1.2851	0.7362

另外，根据表 5-7 所示坐标值，便可画出各变量的二维空间图，如图 5-5。图 5-5 显示，家庭劳动力数量、家庭林地经营面积、农户的职业、文化程度、农户喜欢的林地经营模式和家庭年均收入与农户期望的家庭林地经营面积位置比较接近，关系比较紧密。从各变量在二维空间图所处的位置可以看出，各因素对农户期望的家庭林地经营面积产生的影响程度不同，其中家庭劳动力数量、家庭林地经营面积、农户的职业影响作用较大。为进一步验证选取的各因素对农户期望的家庭林地经营面积影响的显著程度，采取最优尺度回归的方法构建模型，进行检验。

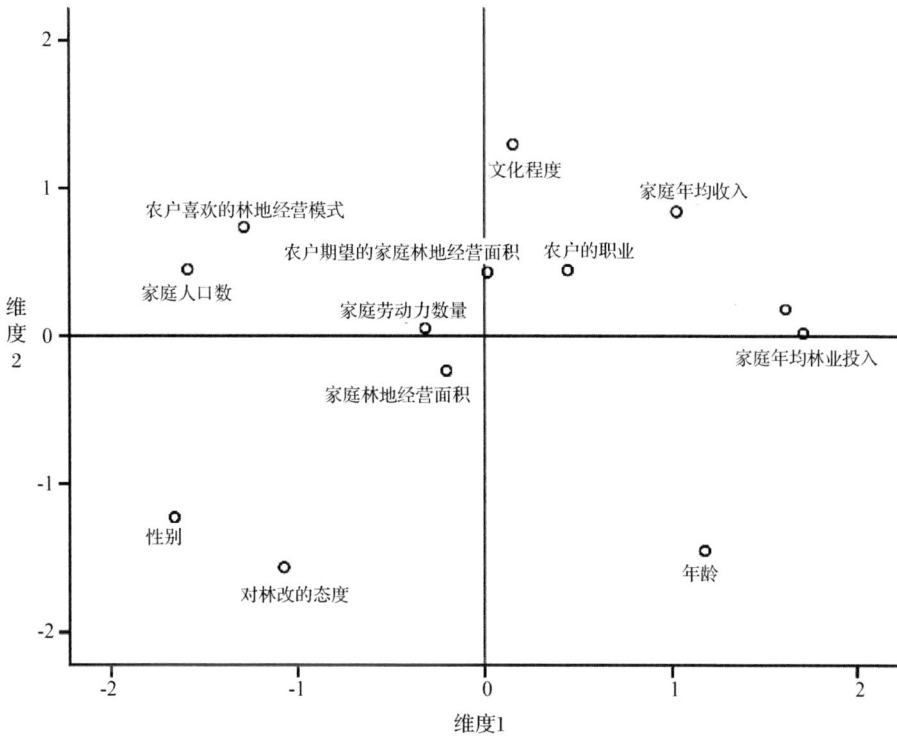

图 5-5 二维空间图

5.3.4.2 模型构建与分析

最优尺度变换的基本思路是在保证变换后各变量间的联系是线性的条件下，分析时采用一定的非线性变换方法对原始分类变量进行转换，尽量反应原分类变量的属性，并通过反复迭代求得最佳方程式。最优尺度回归分析是标准回归方法的扩展，通过定量化的变换便可以对序数变量和名义变量进行回归分析（张文彤，2004）。

为了研究影响农户林地经营规模的因素，使用 SPSS20.0 统计软件中的最优尺度回归的方法进行分析。以农户的职业、性别、年龄、文化程度、家庭人口数、家庭劳动力数量、家庭年均收入、家庭年均林业收入占家庭总收入的比例、家庭年均林业投入、对林改的态度、家庭林地经营面积和农户喜欢的林地经营模式为自变量，以农户期望的家庭林地经营面积为因变量建立最优尺度回归模型。在操作过程中，指定农户的职业、性别和农户喜欢的林地经营模式为名义变量（Nominal），指定家庭人口数、家庭劳动力数量、家庭林地经营面积和农户期望的家庭林地经营面积为数值型变量（Numeric），其余为序数变量（Ordinal）。

（1）天水市模型估计分析

应用天水市的调查数据，以 o、g、a_g、e、f_n、w_n、i、p、f_i、a_t、s 和 m 为自变量，以 e_s 为因变量进行最优尺度回归分析，结果见表 5-8 至表 5-10。

表 5-8   模型汇总表

R	R^2	调整后的 R^2	估计的标准误差
0.820	0.673	0.639	0.327

表 5-9   农户期望的家庭林地经营面积与其他变量的最优尺度回归方差分析表

项目	平方和	df	均值平方	F	Sig.
回归	186.963	26	7.191	19.826	0.000
残差	91.037	251	0.363		
合计	278.000	277			

由表 5-8 可以看出，最优尺度回归方程的 R 值为 0.820，R^2 为 0.673。另外，从方差分析表 5-9 中可得 F 值为 19.826，Sig. 为 0.000，小于 0.05 的显著水平，说明方程通过检验，具有统计学意义。由表 5-10 可见，s（家庭林地经营面积）对 e_s（农户期望的家庭林地经营面积）的重要系数最大，为 0.605，其次为 w_n（家庭劳动力数量），为 0.180，再次为 o（农户的职业），为 0.080，而性别和对林改的态度两项的重要系数绝对值较小，约为 0.001，说明天水市被调查农户的家庭林地经营面积、家庭劳动力数量和职业相比于其他因素对其期望的家庭林地经营面积影响较显著。

表 5-10   农户期望的家庭林地经营面积与其他变量的最优尺度
回归分析的相关系数和容忍度表

变量	相关系数			重要系数	容忍度	
	零相关	局部相关	部分相关		变换后	变换前
o	0.275	0.291	0.174	0.080	0.783	0.720
g	0.041	0.041	0.024	0.001	0.955	0.963
a_g	0.147	0.168	0.098	0.023	0.883	0.830
e	0.261	0.186	0.108	0.044	0.901	0.571
f_n	0.206	-0.104	-0.060	-0.022	0.693	0.701
w_n	0.519	0.308	0.185	0.180	0.632	0.654
i	0.199	0.161	0.094	0.035	0.637	0.494

（续）

变量	相关系数			重要系数	容忍度	
	零相关	局部相关	部分相关		变换后	变换前
p	−0.016	−0.186	−0.108	0.003	0.630	0.467
f_i	0.049	0.064	0.037	0.004	0.470	0.446
a_t	−0.016	0.076	0.043	−0.001	0.913	0.968
s	0.710	0.651	0.491	0.605	0.733	0.704
m	0.184	0.281	0.167	0.048	0.905	0.744

表5-11 农户期望的家庭林地经营面积与其他变量的最优尺度回归系数表

变量	标准系数		df	F	Sig.
	系数	标准误差			
o	0.197	0.046	5	18.035	0.000
g	0.024	0.028	1	0.720	0.397
a_g	0.104	0.092	2	1.266	0.284
e	0.114	0.098	2	1.360	0.259
f_n	−0.072	0.055	1	1.696	0.194
w_n	0.233	0.057	1	16.538	0.000
i	0.117	0.117	2	1.005	0.367
p	−0.137	0.129	2	1.124	0.327
f_i	0.053	0.085	3	0.400	0.753
a_t	0.045	0.051	2	0.797	0.452
s	0.573	0.049	1	138.741	0.000
m	0.176	0.047	4	13.725	0.000

根据表5-11的最优尺度回归系数，天水市农户期望的家庭林地经营面积与其他变量的最优尺度回归方程为：

$$e_{s天水} = 0.197o + 0.024g + 0.104a_g + 0.114e - 0.072f_n + 0.233w_n$$
$$+ 0.117i - 0.137p + 0.053f_i + 0.045a_t + 0.573s + 0.176m \quad (5-1)$$

同理，求得农户喜欢的林地经营模式与其他变量的最优尺度回归方程的 R 值为0.585，R^2 为0.342，F 值为6.017，Sig. 为0.000，通过显著性检验。其中，影响农户喜欢的林地经营模式的显著因素主要有文化程度、农户的职业和年龄，重要系数分别为0.466、0.195和0.135，最终求得天水市农户喜欢的林地经营模式与其他变量的最优尺度回归方程为：

$$m_{天水} = 0.249o + 0.025g - 0.168a_g + 0.395e - 0.144f_n + 0.038w_n$$
$$- 0.064i - 0.069p - 0.238f_i - 0.086a_t + 0.136s \qquad (5\text{-}2)$$

通过对甘肃省天水市集体林权制度改革后农户林地经营规模的调查分析可以看出：①天水市农户家庭户均林地经营面积约为 0.33hm²，而农户期望的户均林地经营面积约为其实际经营面积的 3 倍，为 0.95hm²。②通过最优尺度回归分析得到影响天水市农户林地经营规模因素的重要程度，重要系数绝对值从大到小的排列顺序为：家庭林地经营面积 > 家庭劳动力数量 > 农户的职业 > 农户喜欢的林地经营模式 > 文化程度 > 家庭年均收入 > 年龄 > 家庭人口数 > 家庭年均林业投入 > 家庭年均林业收入占家庭总收入的比例 > 性别 > 对林改的态度，与上文采用多维量表分析方法得到的结果基本一致。③通过对天水市农户喜欢的林地经营模式进行最优尺度回归分析，发现农户的文化程度、职业和年龄对林地经营模式的意愿影响显著。

（2）秦皇岛市模型估计分析

为了研究影响农户林地经营规模的各类因素，并且与天水市问卷调查结果进行对比分析，应用秦皇岛市的调查数据，以 o、g、a_g、e、f_n、w_n、i、p、f_i、a_t、s 和 m 为自变量，以 e_s 为因变量构建最优尺度回归分析模型，从而分析对秦皇岛市农户林地经营规模影响最显著的因素，结果见表 5-12 至表 5-14。

由表 5-12 可见，最优尺度回归方程的 R 值为 0.887，R^2 为 0.786。另外，从方差分析表 5-13 中可得 F 值为 9.052，Sig. 为 0.000，小于 0.05 的显著水平，说明方程通过检验，具有统计学意义。由表 5-14 可见，s（家庭林地经营面积）对 e_s（农户期望的家庭林地经营面积）的重要系数最大，为 0.750，其次为 o（农户的职业），为 0.076，再次为 w_n（家庭劳动力数量），为 0.057，家庭人口数的重

表 5-12   模型汇总表

R	R^2	调整后的 R^2	估计的标准误差
0.887	0.786	0.699	0.214

表 5-13   农户期望的家庭林地经营面积与其他变量的最优尺度回归方差分析表

项目	平方和	df	均值平方	F	Sig.
回归	77.029	28	2.751	9.052	0.000
残差	20.971	69	0.304		
合计	98.000	97			

表 5-14 农户期望的家庭林地经营面积与其他变量的最优尺度
回归分析的相关系数和容忍度表

变量	相关系数			重要系数	容忍度	
	零相关	局部相关	部分相关		变换后	变换前
o	0.226	0.397	0.200	0.076	0.570	0.383
g	0.259	0.192	0.090	0.035	0.720	0.697
a_g	−0.113	−0.209	−0.099	0.017	0.678	0.492
e	0.082	0.289	0.140	0.020	0.552	0.327
f_n	0.274	−0.036	−0.017	−0.008	0.579	0.552
w_n	0.144	0.448	0.232	0.057	0.555	0.525
i	0.172	−0.215	−0.102	−0.027	0.667	0.599
p	−0.103	−0.377	−0.188	0.029	0.728	0.620
f_i	−0.148	0.101	0.047	−0.011	0.668	0.571
a_t	−0.211	−0.195	−0.092	0.027	0.816	0.789
s	0.789	0.808	0.634	0.750	0.719	0.654
m	0.184	0.287	0.139	0.034	0.908	0.570

要系数绝对值最小,为 0.008,说明秦皇岛市被调查农户的家庭林地经营面积、职业和家庭劳动力数量相比于其他因素对其期望的家庭林地经营面积影响较大。

表 5-15 农户期望的家庭林地经营面积与其他变量的最优尺度回归系数表

变量	标准系数		df	F	Sig.
	系数	标准误差			
o	0.265	0.101	5	6.951	0.000
g	0.106	0.069	1	2.397	0.126
a_g	−0.120	0.157	3	0.581	0.630
e	0.188	0.228	2	0.676	0.512
f_n	−0.022	0.085	1	0.067	0.797
w_n	0.311	0.083	1	14.150	0.000
i	−0.125	0.147	2	0.719	0.491
p	−0.221	0.091	3	5.906	0.001
f_i	0.057	0.139	2	0.168	0.845
a_t	−0.102	0.073	1	1.931	0.169
s	0.747	0.116	1	41.227	0.000
m	0.146	0.070	6	4.322	0.001

根据表 5-15 的最优尺度回归系数，秦皇岛市农户期望的家庭林地经营面积与其他变量的最优尺度回归方程为：

$$e_{s秦皇岛} = 0.265o + 0.106g - 0.120a_g + 0.188e - 0.022f_n + 0.311w_n$$
$$- 0.125i - 0.221p + 0.057f_i - 0.102a_t + 0.747s + 0.146m \qquad (5-3)$$

同理，求得农户喜欢的林地经营模式与其他变量的最优尺度回归方程的 R 值为 0.785，R^2 为 0.616，F 值为 5.468，Sig. 为 0.000，通过显著性检验。其中，影响农户喜欢的林地经营模式的显著因素主要有文化程度、年龄和农户的职业，重要系数分别为 0.460、0.184 和 0.108。最终求得秦皇岛市农户喜欢的林地经营模式与其他变量的最优尺度回归方程为：

$$m_{秦皇岛} = 0.295o + 0.195g + 0.385a_g + 0.665e + 0.001f_n - 0.139w_n$$
$$+ 0.217i + 0.145p + 0.066f_i - 0.032a_t + 0.324s \qquad (5-4)$$

通过对秦皇岛市集体林权制度改革后农户林地经营规模的调查分析可以看出：①秦皇岛市农户家庭户均林地经营面积约为 0.45hm^2，而农户期望的户均林地经营面积约为其实际经营面积的 3 倍，即 1.20hm^2。②通过最优尺度回归分析得到影响秦皇岛市农户林地经营规模因素的重要程度，重要系数绝对值从大到小的排列顺序为：家庭林地经营面积 > 农户的职业 > 家庭劳动力数量 > 性别 > 农户喜欢的林地经营模式 > 家庭年均林业收入占家庭总收入的比例 > 家庭年均收入 > 对林改的态度 > 文化程度 > 年龄 > 家庭年均林业投入 > 家庭人口数。③通过对秦皇岛市农户喜欢的林地经营模式进行最优尺度回归分析，发现农户的文化程度、年龄和职业对林地经营模式的意愿影响显著。

（3）两市模型估计结果比较分析

上文分别对天水市和秦皇岛市的调查数据进行最优尺度回归分析，见表 5-16，在影响两市农户林地经营规模的因素中，重要程度最大的都为家庭林地经营面积，此外，家庭劳动力数量、农户的职业和农户喜欢的林地经营模式也是影响两市农户林地经营规模较显著的共同因素。可见，天水市和秦皇岛市有关农户期望的林地经营规模的模型估计结果具有一定的相似性。

表 5-16   两市模型估计结果比较分析表

	农户林地经营规模主要影响因素	农户林地经营模式主要影响因素
天水市	家庭林地经营面积、家庭劳动力数量、农户的职业、农户喜欢的林地经营模式、文化程度	农户的文化程度、职业、年龄
秦皇岛市	家庭林地经营面积、农户的职业、家庭劳动力数量、性别、农户喜欢的林地经营模式	农户的文化程度、年龄、职业

关于农户喜欢的林地经营模式的研究，通过最优尺度回归分析得到影响两市农户林地经营模式意愿的各因素的重要系数，并且两市的重要系数排序结果大致相同，农户的文化程度均为最显著的影响因素，其次，农户的职业和年龄也都是重要的影响因素。可见，天水市和秦皇岛市有关农户喜欢的林地经营模式的模型估计结果具有较高的一致性。

5.4 森林资源适度经营规模的确定

森林不仅可以为人们的生产生活提供木材、薪材以及多种林副产品，具有很大的经济效益，而且可以起到涵养水源、保持水土、净化空气、防风固沙等作用，具有巨大的生态效益，此外还有促进就业，具有旅游娱乐等重要的社会效益。

集体林权制度改革后，在集体林地分散到户，农户拥有林地使用权的情况下，仅仅依靠农户自身增大对林地的投入量来扩大经营规模并不能取得最佳的结果。相反，因为每个农户的林地经营能力存在差异，单纯依靠土地资源投入增加来扩大经营规模还可能会产生一些不良后果，比如林地产出率下降或者林地资源浪费，因而，不能盲目的扩大林地经营规模。从森林经营的经济效益、生态效益和社会效益三大效益的角度看，仅仅提高其中任何一种效益并不是森林可持续经营的要求，追求三者综合效益最大化才是森林经营的目标。

5.4.1 理论基础

有关林业三大效益的均衡发展问题，黄晓玲等人选择采用非线性方法构建模型来进行分析。由于经济问题的影响因素具有复杂性和不可预测的特点，模型中添加了随机扰动项，并用乘法关系代替加法关系来表示综合效益，以期更为准确地反映林业三大效益之间的关系（黄晓玲等，2009）。

目标函数：

$$Max\ F = x \cdot y \cdot z \tag{5-5}$$

约束条件：

$$\begin{cases} y = -y(x) + \varepsilon_1 & (5\text{-}6) \\ z = z(x,y) + \varepsilon_2 & (5\text{-}7) \\ x,y,z > 0 & (5\text{-}8) \end{cases}$$

目标函数中，F 代表森林经营的综合效益，x、y、z 分别代表森林的经济效益、生态效益以及社会效益。式(5-6)表示森林的生态效益是其经济效益的减函数，即 $y(x)$ 的系数是负数。这里可以理解成当森林通过砍伐、销售取得经济效益时，它的生态效益也会随之减少，表明森林的生态效益和经济效益之间存在负相关关系。另外，随机扰动项 ε_1 代表各种随机因素可能带来生态效益的变化。式(5-7)表示森林的社会效益是其经济效益和生态效益的增函数，即 z，x，y 的系数是正数。可以理解成当森林的经济效益增加时，通过市场间的传递作用，也可以促进就业人数的增加；当森林的生态效益增加时，生态环境得到改善也会促进旅游业的发展，从而增加森林的社会效益。此外，随机扰动项 ε_2 表示各种随机因素可能会导致社会效益或增或减的变化。

将式(5-7)和式(5-8)代入式(5-5)中得到：

$$F = x \cdot | - y(x) + \varepsilon_1 | \cdot | z(x,y) + \varepsilon_2 | \tag{5-9}$$

式(5-9)两边分别对 x 求导，并令 $F'_x = 0$，最终可以得到：

$$\frac{z}{x} + \frac{\partial z}{\partial x} = \frac{z}{y} + \frac{\partial z}{\partial y} \tag{5-10}$$

式(5-10)表示当森林的社会效益与经济效益的比值加上森林的经济效益对社会效益的边际替代率等于森林的社会效益与生态效益的比值加上森林的生态效益对社会效益的边际替代率时，森林的综合效益最大，而此时的林地经营规模便是最理想的(黄晓玲等，2009)。

5.4.2   天水市、秦皇岛市林地适度经营规模的确定

从理论上论证了当森林的经济、生态和社会综合效益达到最大时的均衡条件，若要求林地的适度经营规模还需要结合不同地区的实际情况，由于各地的自然地理条件、社会经济发展状况以及各个农户的林业生产经营能力不同，林地经营规模也不尽相同。现根据天水市和秦皇岛市的实地问卷调查数据，借助 Lingo11.0 软件，分别估算出适合两市农户的林地经营规模。但由于核算森林生态效益和社会效益的各指标数据很难获取，因而本文只计算调查区域林地经营所产生的经济效益，并尝试出当林地经营的经济效益达到最大时的农户户均林地经营规模。为此，构建农户林地适度经营规模的线性规划模型如下：

目标函数：

$$\text{Max } R = \sum (a_1 x_1 - pl_i - i_i) \tag{5-11}$$

约束条件：

$$\begin{cases} \sum x_i \leqslant S & \text{(5-12)} \\ x_i \geqslant s_{i0} & \text{(5-13)} \\ l_i \leqslant l_{i0} & \text{(5-14)} \\ i_i \leqslant i_{i0} & \text{(5-15)} \end{cases}$$

模型中各变量的含义分别为:

R 为林地经营的经济效益;

x_i 为决策变量,即第 i 户农户林地适度经营面积(单位为 hm^2);

a_i 为第 i 户农户单位面积林地经营收入;

S 为各村有林地面积;

s_{i0} 为第 i 户农户目前家庭林地经营面积;

p 为劳动力平均工资;

l_i 为第 i 户农户家庭从事林业生产的人数;

l_{i0} 为第 i 户农户的家庭人口数;

i_i 为第 i 户农户林业生产(苗种和施肥等)资金投入;

i_{i0} 为第 i 户农户的家庭收入。

通过相关数据收集,我国各省市平均农户林地面积约为 $2.92hm^2$,由于甘肃省天水市和河北省秦皇岛市同属于我国北方地区,两市的林地资源没有南方集体林区如江西、浙江等省市丰富,对于决策变量 x_i 本文将其上限设为各省市平均农户林地面积,即 $2.92\ hm^2$,而 x_i 的下限设为问卷中统计的每户农户实际经营的林地面积。$\sum x_i$ 表示每个村调查问卷中农户实际经营的林地面积总和,设其上限为对应样本村的有林地面积。

由于有些村的有林地面积数据很难准确统计,本文选用估算的方法来估算缺少林地面积数据的村子的有林地面积。通过计算,估算出天水市所选择的三个样本村,即党川村、后川村和井儿村的有林地面积分别为 $220.16hm^2$、$221.4hm^2$ 和 $85.33hm^2$。结合天水市 278 份调查问卷,每张问卷代表一户农户的林地经营情况,将党川村 $x_i(i=1,2,\cdots,90)$、后川村 $x_i(i=1,2,\cdots,91)$ 和井儿村 $x_i(i=1,2,\cdots,97)$ 三个村的目标函数和约束条件分别输入到 Lingo11.0 软件中,通过运算,计算出每户农户的林地适度经营规模,再求其平均值,最后估算出天水市农户户均林地适度经营规模为 $1.92hm^2$。

同理,结合秦皇岛市 99 份调查问卷,将英武山村 $x_i(i=1,2,\cdots,49)$ 和下铺村 $x_i(i=1,2,\cdots,50)$ 两个村的目标函数和约束条件分别输入到 Lingo11.0 软件中,通过运算,计算出每户农户的林地适度经营规模,再求其平均值,最后估算出秦皇岛市农户户均林地适度经营规模为 $2.01hm^2$。

5.5 结 论

林地经营适度规模是促进农户增收的关键,也是一个热点研究问题,但目前有关林地经营规模的研究，理论较多而实践偏少。从林地经营者的意愿出发，结合对农户林地经营规模影响因素的分析，能够更加全面地反映基层农户的真实情况，使研究更具针对性。通过对研究区域的实地问卷调查，并构建农户林地经营规模的最优尺度回归模型和线性规划模型，得到如下结论：

(1)农户林地经营的适度规模需要与当地具体的自然、社会和经济条件相结合，既不能经营规模过小导致林地碎化，也不能盲目地扩大经营规模追求规模效益。通过问卷调查统计出天水市农户家庭户均林地经营面积约为 $0.33hm^2$，而农户期望的户均林地经营面积约为 $0.95hm^2$，通过线性规划模型估算出的农户户均林地适度经营面积为 $1.92hm^2$；秦皇岛市农户家庭户均林地经营面积约为 $0.45hm^2$，而农户期望的户均林地经营面积约为 $1.20hm^2$，通过线性规划模型估算出的农户户均林地适度经营面积为 $2.01hm^2$。两市农户期望的户均林地经营面积都将近是其实际经营面积的 3 倍，实际经营的林地面积与采用线性规划模型估算出来的面积还有一定差距。

(2)通过采用最优尺度回归分析方法构建模型，得到调查区域农户期望的家庭林地经营面积与其他变量的最优尺度回归方程，从求得的重要系数中发现家庭实际的林地经营面积对农户期望的林地经营规模影响最为突出。此外，家庭劳动力数量、农户的职业和农户喜欢的林地经营模式等因素也对其期望的林地经营规模产生一定的影响。另外，从相关文献中总结出来的其他省市影响农户对林业投入的因素中，影响最显著的因素也为家庭林地经营面积，其次为家庭劳动力数量，从而可以说明，本文对甘肃省天水市、河北省秦皇岛市的农户林地经营规模影响因素的研究具有一定的普适性，可以推广到全国范围。

(3)通过对农户林地经营模式意愿的实证分析，发现农户的文化程度对其林地经营模式选择影响最为突出，其次，农户的职业和年龄也是重要的影响因素。另外，通过总结其他有关林地经营模式的文献，得出影响林地经营模式的因素主要有户主年龄、受教育程度、劳动力数量、林地面积等，与本研究的结果大致相同。

(4)调查区域农户选择个人家庭经营模式的较多，其次为联户承包经营。通过相关文献回顾发现农户个人家庭经营、集体统一经营等多种经营方式都具有各自的优缺点，由于各地自然条件、社会经济条件各不相同，所选择的林地经营模式也会有所不同。因此，很难确定哪种是最佳的林地经营模式，只能基于各地的基本情况和农户的意愿选择最适合当地的林地经营模式。

第 **6** 章

森林资源经营的保值评估和制度设计

提升森林经营水平是现代林业建设的核心。近几年我国森林经营工作得到党中央和国务院高度重视，2010 年年底，胡锦涛同志对林业改革发展所作的重要批示和 2011 年 9 月 8 日，胡锦涛在出席首届亚太经合组织林业部长级会议开幕式时的致辞中，都强调推进科技创新，加大资源培育力度，创新管理模式，提升森林资源数量和质量，发挥森林多种功能。国务院第 35 次常务会议提出"探索建立森林经营稳定的投资渠道和长期补贴制度"。我国 2009 年开始实施森林抚育财政补贴试点，投入经费 5 亿元，2010 年增加到 20 亿元，2011 年达到 50 亿元。国家林业局提出，争取用 10 年左右时间，将 0.5 亿 hm^2 急需抚育的中幼林全面抚育一遍。如今，我国森林经营工作以森林抚育补贴试点为契机，开创了崭新的局面。

改革开放以来，我国的森林覆盖率提高较快，森林资源保护、恢复和发展方面所取得的成就举世瞩目，但与之形成巨大反差的是森林经营粗放，重绿化数量和覆盖率，忽视林分和林木的质量，因而林地生产力低、森林质量差，既影响了我国生态安全，同时对我国木材安全也构成威胁。当前森林经营工作中还有诸多值得商榷的问题，有的做法甚至违背林业的自然规律，全面提升森林经营水平任务还十分艰巨（刘于鹤，林进，2012）。

6.1 森林资源经营评估的意义

6.1.1 理论意义

长期以来，在产品经济的模式下，传统的林业理论不承认森林资源是一种资产，否认森林资源的资产属性；长期以来，对森林资源未实行资产化管理，森林资源被无偿占有使用，实行粗放经营，森林资源的产权关系不清，所有权在经济上得不到体现。林业生产发展需要大量的资金支持，而林业生产经营单位又没有足够的非森林资源资产用以抵押融资，导致森林资源持续经营没有良性循环的资金保证。在林业生产实践中，对森林资源只作为自然资源调查统计，不作为资产登记和核算，森林资源无偿采伐利用，实行典型的非资产化政策，导致了森林资源的掠夺性经营，使森林资源蓄积量锐减，林业资产流失，严重破坏生态环境，威胁着人类社会的生存与发展。

　　随着我国改革开放的深入，中国特色的社会主义市场经济体系建立不断健全与完善，传统的产品经济模式下把森林资源当作大自然的"恩赐"而取之不尽用之不竭的观念已被动摇，只有把林业作为一个产业推向市场，把森林资源作为一种资产进行经营管理，才能从根本上保护和发展森林资源，合理利用森林资源，促进森林资源资产的合理流动，真正体现森林资源资产的价值，保证森林资源资产的保值增值，维护森林资源资产的所有者和经营者的合法权益，最终实现我国林业的可持续性发展。

6.1.2　现实意义

　　森林资源作为一种资产是市场经济的必然产物，森林资源资产评估是实现森林资源资产管理的前提条件与基础。现实工作中有大量的森林资源资产管理要求进行森林资源资产评估：①森林资源资产量化管理的需要；②市场流转中信息化管理的需要；③宏观管理的需要；④森林资源资产交易的需要；⑤商品林的发展，融资过程中森林资源作为抵押品的需要。

　　目前，我国对森林资源的评估并没有达到成熟的地步，森林资源资产评估中存在许多问题，比如森林资源资产评估真实性问题、理论研究不成熟、评估方法不规范、资产评估基础资源数据准确性差、评估实践中尚有许多技术性问题的处理极为复杂等。随看我国森林资源的不断多样化，给目前的森林资源的评估提出了更加复杂的课题。

　　因此，把森林资源作为一种资产进行经营管理，对森林资源资产进行有效评估具有非常重要的理论意义与现实意义。

6.2　森林资源经营评估的影响因素

6.2.1　经营方式

　　森林资源经营若不采用任何集约措施，则其价值将会降低；若采用集约经营措施，采用如良种壮苗、抚育施肥、适时间伐、及时主伐利用等各种措施，则其生产量将达到或接近土地生产能力的最大值，从而提高森林的经济效益，也提高了自身的经济价值。

6.2.2 经营目的

经营目的不同，如不同的林种，如防护林、经济林、用材林、薪炭林等应按不同类型和采用不同的经营措施进行经营(亢新刚，黄庆丰，2001)。经营目的不同，采用的经营措施也有所侧重，如防护林应侧重发挥防护效益，应据此制度相应的技术措施，其经济效益与其他经营目的森林也有很大的差别。

6.2.3 经营树种

从经营的树种看，同样经营用材林，一块地上可造杉木林，也可营造马尾松林，或者其他珍贵的阔叶林，甚至一般的阔叶林。经营不同的树种，经济价值相差较大，其林地的资产价值也会发生变化。

6.2.4 其他条件

在确定了林种后，还必须根据当地的技术水平、经济能力以及外部环境的要求，选择最适宜的目的树种，并在这个基础上确定经营的强度，并以此为基础进行经济分析来评估林地的价值。

6.3 森林资源资产评估对象的确定

森林资源只有变为森林资源资产后方可进行评估、进行流转。森林资源资产是在现有认识和科学水平条件下，进行经营利用，能给其产权主体带来一定经济利益的森林资源。森林资源资产评估的对象主要为林木资产、林地资产、林区动植物和森林环境资产。

6.3.1 林木资产

林木资产是具有资产属性的林木总和，是森林资产的主体部分，数量是可变的。

林木资源按其功能可分为用材林、防护林、经济林、薪炭林和特种用途林5种。

经济林一般认定为森林资源资产。因为它的产权通常较明确，并可实施有效的控制，而且它以生产果品、油料、饮料、调料、工业原料和药材为目的，通常有较多的投入和较高的经济效益。

用材林和薪炭林的大部分应认定为森林资源资产。不能认定资产的主要是：产权关系不明确的用材林和薪炭林；经营主体无法进行事实上有效控制的用材林；生产条件恶劣或林分质量极差，无法产生经济效益的森林。

防护林的情况较为特殊，相当一部分的防护林虽然以防护效益为主要目的，但仍可产生较大的直接经济效益，如水源涵养或由于防护效益带来了间接的经济效益并为某一特定经济主体所占有。如农田牧场防护林、护路林等。这类防护林产权关系明确并能产生经济效益，其效益为某一特定的经济主体所占有，则应认定为森林资源资产。其他的防护林，由于其产生的生态效益为社会所共有，且难以用货币计价，它们暂时只能作为潜在的资产而不能直接认定为资产。

特殊用途林的情况也很复杂，它的经营目的是多种多样，它们中间有一部分即使产权关系明确也不能作为森林资源资产。如以保护军事设施和作军事屏障为主要目的的国防林和自然保护区内的禁伐林等。但有些特用林以培育优良种子为目的的母树林，教学、科研实验林场的实验林，城镇、医院、疗养院、工业区等以净化空气、改善环境、防止污染、减低噪音为主要目的的环境保护林，在风景游览区内以美化环境、吸引游人的风景林等森林虽然有其特殊的经营目的，但在实现该目的的前提下，仍可产生较大的经济效益，可以作为资产经营。这类森林只要产权关系明确，为某一经营主体所占有并实施实际上的有效控制，则应认定为森林资源资产。

6.3.2　林地资产

在林地资源中哪些应认定为林地资产，哪些暂时不能定为林地资产，则应以目前生产力的发展水平来定。也就是要以该块林地在当前生产力的水平下，它可拥有的价值以及其经营和权属状态来认定。不满足上述要求的林地，在目前只能作为资源或潜在的资产存在，而暂不能列入资产，不能进行评估。但随着经营条件的改变，他们可能转入资产。

6.3.3　林区野生动植物资产

林区野生动植物是森林资源的重要组成部分，但野生动植物的产生不是人类劳动的产物，如何确认它们的数量及价值一直是学术界研讨的题目。传统的认识是将其作为资源来管，而不认为是资产。但随着社会的进步，野生动植物的价值发生了巨大的变化，而且森林资源的经营方式也朝着多样化与综合利用方向发展。在林区中对野生动植物采取管护和经营利用措施并实施有效控制，如狩猎场等，这类野生动植物应认定其为森林资源资产，其他的野生动植物资源仅能作为潜在性资产。

6.3.4 森林景观资产

森林景观资产是近年来随着森林旅游的兴旺、发展而形成的资产。森林景观资源是一种涵盖面很广的资源，能否成为资产关键看该景观能否为经营者带来经济收益。交通条件较好，森林景观优美，可以吸引游客的景观资源应认定为森林景观资产。地处边远，交通困难，虽然景观优美，但无法吸引游人前往的森林景观资源，在当前仅能是资源，而不能作为资产。

6.4 森林资源资产价值的评估方法

当前，评估资源资产价值的方法较多，根据各种方法的计算特点，可将森林资源资产价值评估方法大致综合为三种：直接市场评价法、替代市场评价法和假想市场评价法(邢美华，2007)。

6.4.1 直接市场评价法

直接市场法是一种将资源的产品或服务作为投入的生产要素，利用其实际市场价格或者影子价格，来表达资源经济价值的一种方法。现实与实践中运用较多的方法是费用支出法和市场价值法。

费用支出法适用于没有市场价格，但有费用支出的森林产品和环境价值的评价中，较多地应用丁野生动植物的经济价值核算。市场价法根据实际市场交易的每单位森林资源的观察值，即单位价格来估算所有森林资源资产的价值。一般情况下，在采用市场价法时，森林资源资产用实物量单位表示(张颖，2004)。其中，比较有代表性的运用有国民经济核算体系中提出的立木价格有要素价格、基本价格和市场价格三部分构成(张颖，2002)。由于直接市场法具有应用简单和操作方便的特点，从而成为资源资产价值评价中最常见的方法之一。

6.4.2 替代市场评价法

替代市场评价法也称间接市场评价法，是在市场机制不充分或实物量计算比较困难时，通常采用的一种评价方法。如多数环境物品和服务，其市场价格很难测量，所以在计量其价值时，就可以通过考察在与环境联系紧密的市场中，人们所支付的价格或他们获得的利益，来间接推断出人们对环境的偏好，以此估算环境质量变化的经济价值。其具体方法一般包括：人力资本法、疾病成本法、机会成本法、恢复费用法、重置成本法、影子工程法、工资差额法和旅行费用法等。在一些森林资源资产价值评估中，替代市场法不失为一种可行的方法。

6.4.3 假想市场评价法

假想市场评价方法是通过人为构造一个假想市场来衡量生态系统服务和环境资源价值的一种方法。主要适用于没有市场交易和实际市场价格的产品和服务(纯公共物品)的价值评价,其代表性的方法是条件价值评估法(CVM),即利用效用最大化原理,通过问卷调查得出物品价值的调查方法。该方法的基本思路是假想存在一个市场或者存在一种支付方式,你愿意支付多少钱来获得该商品,或者你希望得到什么样的补偿才愿意放弃对该商品的消费。

森林资源资产不但为人类生产、生活和社会经济建设提供林副产品,还为人类的生存环境提供保障(刘璨,于法稳,2007),但很多生态系统并不存在实际的市场。对于森林资源环境价值和森林资源社会价值等的评估,如涵养水源价值、保育土壤价值、固碳释氧价值、净化空气价值以及生物多样性价值等评估可采用假想市场评价法。

6.5 森林资源资产保值评估制度设计

6.5.1 森林分类经营制度

为了建立比较完备的林业生态体系和比较发达的林业产业体系,在划分林种的基础上,按照提高森林综合效益的原则,实行森林分类经营,是我国林业适应社会主义市场经济发展的重大战略措施,并已初步形成了法律制度(刘于鹤,林进,2012)。

6.5.1.1 划分林种类型的相关规定

我国《森林法》将森林划分为五种林种,即防护林、用材林、经济林、特种用途林、薪炭林。防护林是指以防护为主要目的的森林、林木和灌木丛,包括水源涵养林,水土保持林,防风固沙林,护岸林,护路林;用材林,是指以生产木材为主要目的的森林和林木,包括以生产竹材为主要目的的竹林;经济林是指以生产果品,食用油料、饮料、调料,工业原料林和药材等为主要目的的林木;薪炭林是指以生产燃料为主要目的的林木;特种用途林是指以国防、环境保护、科学实验等为主要目的的森林和林木,包括国防林、实验林、母树林、环境保护林、风景林,名胜古迹和革命纪念地的林木,自然保护区的森林等。为了加快生态环境建设,法律规定,省、自治区、直辖市行政区域内的重点防护林和特用途林的面积,不得少于本行政区域森林总面积的30%。

6.5.1.2 依照法定程序确保林种经营审批

国家重点防护林和特种用途林，由国务院林业主管部门提出意见，报国务院批准公布；地方重点防护林和特种用途林，由省、自治区、直辖市人民政府林业主管部门提出意见，报本级人民政府批准公布；其他防护林、用材林、特种用途林、经济林、薪炭林，由县级人民政府林业主管部门根据国家关于林种划分的规定组织划定，报本级人民政府批准公布。为了防止任意改变林种，法律规定，经批准公布的林种改变为其他林种的应当报原批准公布机关批准。

6.5.1.3 改革传统森林经营管理体制

在完成森林资源调查的基础上，按森林分类经营管理的要求，逐步做到管死一块、管活一块。对生态公益林(含防护林和特种用途林)要管死、不允许商品性采伐，只能进行抚育和更新性质的采伐，其任务主要是发挥生态和社会效益，由各级财政和社会力量建设，依靠法律、行政手段管理，以追求最大的生态、社会效益为目标。对商品林(含用材林、经济林和薪炭林)要管活，允许按经营规划和市场要求采伐，商品林除国家在产业政策上给予扶持外，主要靠市场调节，实行企业化管理，按照市场需要组织采伐生产，以追求最大的经济效益为目标。

6.5.1.4 建立森林生态效益补偿基金制度

由于生态公益林主要是为社会提供保持水土、涵养水源、净化空气、优化环境、物种保护等生态服务功能，提供的生态效益是为全社会所共同享用的，其造林、护林的投入不能通过市场交换得到回报和补偿，经营者积极性不高。因此，我国《森林法》规定，要建立森林生态效益补偿基金制度，国家应当依法建立森林生态效益补偿基金，专款用于森林营造抚育、保护和管理，这是妥善解决经营、管护生态公益林经济投入的有效途径。

6.5.2 森林采伐管理制度

6.5.2.1 完善森林采伐限额制度的必要性

依据我国《森林法》的规定，1987年依法建立了以森林采伐限额管理为核心的一整套林木采伐管理制度。20年的实践证明，森林资源过量消耗的局面得到了有效控制，森林采伐限额制度取得了显著成效，这些制度符合我国的国情、林情，对依法强化森林资源的保护管理，实现森林资源的持续"双增长"发挥了不可替代的重要作用。

(1)有利于合理配置现有森林资源，促进经济发展。单纯的以市场为基础配置资源往往具有盲目性和不可预测性，造成有限资源的浪费和过度消耗。而实行森林采伐许可制度，以行政许可权适当干预经济生活，则可优化资源配置，实现经济的可持续发展。

（2）实行森林采伐限额制度，是控制森林采伐量的重要保证。国家根据用材林的消耗量低于生产量的原则，严格控制森林采伐量。森林采伐许可则是在普遍禁止采伐的基础上，有条件有计划有步骤地向相对人"解禁"。只要相对人严格按照许可证采伐，既可以避免对森林资源的盲目性、重复性、浪费性的开发利用，又能合理经济地利用有限的国力资源。

（3）有利于保护森林、林木所有者和经营者的合法权益。实行森林采伐许可制度不是对森林所有者和经营者合法权益的剥夺，而是对其提供管理服务的重要途径，只有他们才有资格申请领取林木采伐许可证，其他单位和个人均不能申请领取。而无证采伐，就是违法。这样，森林采伐许可制度既为森林所者和经营者采伐行为提供了法律依据，又可防止其他人偷伐、滥伐的行为。

（4）有利于森林的保护、利用、更新、管理和监督，改善自然生态环境，促进生态平衡。通过采伐许可证的发放、检查、监督、回收方式，对不符合采伐条件的则撤回许可证，同时定期检查，及时纠正不合规定的采伐和更新作业，防止滥伐森林行为的发生，达到资源永续利用之目的。

6.5.2.2　完善森林采伐限额制度的措施

一是在采伐限额的编制上，实行按照人工商品林、人工公益林、天然商品林、天然公益林等不同森林类型，进行合理采伐量测算和采伐限额制定。

二是在采伐限额的执行政策上，国务院41号文件明确规定，一般用材林限额可以结转下年度使用，工业原料林限额可以结转以后各年度使用，人工林采伐限额不足的可以占用天然林限额，工业原料林限额不足的可以占用一般用材林的限额，森林抚育指标不足的可以占用主伐限额。

三是在采伐限额的管理权限上，在林业分类经营、分类管理思想的指导下，增加用于自然灾害、征占林地等临时采伐的需要，并依法批准使用；在采伐限额的具体实施上，力求商品材采伐限额与年度木材生产计划的协调统一，原则上按照商品材采伐限额等额下达木材生产计划。森林采伐管理由单一模式向多样化模式、由单纯控制采伐消耗向促进森林可持续经营的转变。

四是在执法监督上要加大查处力度，在伐区调查设计、伐后验收及采伐更新等各个环节中，实行多重监督。首先加强伐区源头管理，严格伐区调查设计工作，完善各项规范制度，做到用制度约束人，规范伐区设计操作行为，杜绝不良现象的发生。其次完善伐区检查监督管理制度，伐区的伐中检查和伐后验收实行专人负责制，每片伐区定人管理，要求伐区责任人全程跟踪，及时发现采伐作业中存在的问题并及时整改。最后是加大查处力度，对于各类破坏森林采伐制度、不按其规定执行的，发现一起，查处一起，严厉打击（于翠芳等，2004）。

6.6 国外森林经营的经验与启示

6.6.1 美国西北部森林计划

6.6.1.1 强调多规模、多世代的时空尺度下的协调管理

美国政府在制定西北部森林计划过程中，充分认识到邻近生态系统与所经营的生态系统的相互影响，要维持森林的全部价值，需要在大尺度和多世代的时空框架里实现。同时，森林经营需要分层次协调和控制，涉及景观、生态系统和林分各种水平，不同规模水平的经营要与不同的时间尺度相适应。美国西北部森林计划把该区域国有森林中所有未保护的地区和斑点猫头鹰栖息地范围内土地管理局的土地分为 7 种管理类型，设立了 10 个适应性管理区，鼓励试验性的营林技术、较长的循环周期和创新性的采伐技术。因此，在每个类型或不同的适应性管理区中，对采伐、道路建设和旅游都有不同的管理规定。不同的强度和不同的类型，充分体现了多规模、多世代的时空尺度协调管理的思想。

6.6.1.2 开展连续的计划、监测、评价和调节等适应性管理

适应性管理包括连续的计划、监测、评价和调节等一系列行动。通过循环监测、改进知识基础，帮助完善经营计划。必要时通过调节经营实践以实现资源经营的目标。西北部森林计划中包括了适应性管理的三个主要机制：一是建立了 10 个进行林业研究的适应性管理区域。二是定期进行近原始林保护区的流域分析和管理评估，根据评估结果修正计划。三是进行长期监控，制定反馈机制以指导计划和管理，包括实施情况的监督、效果监督、有效性监督等。

6.6.1.3 重视多组织间的协调和公众参与

为了系统而灵活地执行森林生态系统管理，西北部森林计划于 1994 年初成立了一个跨机构的协调组。协调组成员来自内务部、农业部、环境保护局、白宫环境政策办公室等。同时鼓励公众参与合作决策。生态系统管理的一个主要挑战是需要所有者之间的合作计划和协调，以确保生态系统生产力在景观水平得以维持。

6.6.1.4 满足公众和社会的广泛目标

林务局要求西北部森林计划要支持当地社区的经济发展。主要任务包括：为所有利益相关者（包括当地社区）提供木材和非木材林产品（如蘑菇、浆果、枝条等），满足渔业和娱乐等多种需求。由于该计划强调可持续性及未来世代发展需求。因而，它关注森林状况的维持，即在景观水平上维持生态系统整体性，而不仅仅是森林产出。只有这样才能维持森林的全部价值，满足社会广泛的目标，并

确保森林的健康。

6.6.2   加拿大模式森林计划

6.6.2.1   以森林生态系统管理思想为指导

在森林经营中引入基于生态学原则的新兴技术，并对实践结果进行评价和宣传，尽可能为科学研究和最新技术的应用提供支持；重视等级结构，经营者在任一生态水平级上处理问题。必须从森林生态系统等级序列中寻找联系及解决办法；保持森林生态系统完整性，维持森林生态系统的格局和过程，保护生物多样性；仿效自然干扰机制进行森林经营活动。

6.6.2.2   充分体现合作伙伴的经营目标

根据公众和合作伙伴对森林价值的认识，通过建立伙伴关系委员会，由委员会确立森林经营的目标作为经营计划的前提。也就是在较大规模的林业区域内，所有利益群体之间组成一种自愿的伙伴合作关系。能充分代表该区域内起作用的各种环境、社会和经济力量的伙伴们，本着寻求共识的原则，通过坦诚合作的伙伴关系，解决各种矛盾和问题，从而促进森林可持续经营。

6.6.2.3   成立专业组织来经营和管理

模式森林范围内的所有经营活动统一由持有"综合森林资源经营执照"的专业组织(简称模式森林组织)经营和管理，具体包括木材生产、游憩、狩猎、渔鱼及其他经营活动，其中"综合森林资源经营执照"由省一级立法机构颁发。由于模式森林组织的经营活动要满足森林可持续经营标准和指标的要求。因此，模式森林组织是一种实现森林可持续经营的有效组织形式。

6.6.2.4   鼓励公众参与森林经营和管理

设立模式森林示范区的一项基本任务是进行科学研究，探讨各种森林类型的可持续经营问题。但是，与一般的试验研究不同的是，可持续的森林经营、利用与管理，受人为活动的影响因素远远大于其他任何因素。因此，试验研究的任务不仅仅停留在普通试验研究方案上，而是在试验研究的同时，把提高公众参与森林经营管理的意识放在相应的位置上。根据模式森林区域内的自然、经济和文化特征，以及代理人和公众的意愿，来制定和安排由各种经营活动最佳组合而形成的经营方案，形成不同模式森林区域的多种经营方案和经营活动。

6.6.3   德国近自然森林经营

6.6.3.1   科学决策，目标经营

近自然森林经营在实施经营前对林地进行详细的调查、分析、论证，为决策提供翔实的数据和信息，以便进行科学决策，确定合理的经营目标。根据立地环

境、森林演替阶段和潜在原生植被来确定经营的不同阶段的目标森林，并按目标
设计调整林分结构的经营措施；尽可能分析评估各种经营措施的生态和经济后
果，充分考虑影响林分生长和经营的所有内、外在因素。比如，受当地居民干扰
的林分，必须要与当地居民协商，兼顾他们的需求，寻求共同接受的方案。

6.6.3.2 珍惜地力，尊重自然

近自然森林经营是以充分尊重自然力和充分利用现有生境条件下的天然更新
能力为前提，是顺应自然规律符合自然条件的人工促进。掌握立地原生植被分布
和天然演替规律，是近自然森林经营的基础。要充分利用自然过程，如天然更新
和天然整枝等，要避免破坏性的集材、整地和土地改良等作业方式，以保护和维
持林地生产力。

6.6.3.3 单株抚育，择伐利用

近自然森林经营以选择培育目标树为主，标记目标树并对其进行单株木抚育
管理；同时，采用单株木择伐作业，在分析林分结构和竞争关系的基础上，确定
抚育择伐的具体目标，通过采伐实现林分质量的不断改进；只清理影响目标树生
长的干扰树，而对林地上不干扰目标树生长的藤本、枯立木、弯曲木、被压木、
多头木、灌木等不进行清理。在没有目标树的地块，可以通过开林窗来促进天然
更新，从而恢复森林植被。

6.6.3.4 复层异龄，针阔混交

近自然森林要求林分结构要由单层同龄纯林转变为复层异龄针阔混交林，通
过水平和垂直结构的调整达到最适宜的生物多样性。复层异龄、针阔混交，一方
面可以提高林分的抗风灾、火灾能力，增强森林生态系统自身对病虫害等自然灾
害的消化和控制能力，有利于森林防护功能的不间断的持续发挥；另一方面也有
利于林分内适度的自然竞争，促进目标树木的生长，不同龄级林木的演替生长，
增强了木材生产的可持续供给和森林的可持续经营。

6.6.4 启示和借鉴

通过以上分析可知，3个国家的森林生态系统管理模式，都是随着人类对自
身赖以生存的自然资源和生态环境的日益关注，生态保护意识的日益加强，在全
人类共同追求可持续发展大背景下提出的。由于各国的社会、经济和文化发展背
景的差异，采取的管理模式各不相同，但其目标是一致的，即在森林生态系统管
理思想的指导下，寻求森林可持续经营和林业可持续发展的道路。3种管理模式
有以下比较显著的差异：①经营管理的尺度。模式森林计划的经营示范区面积一
般都在10万~150万 hm²；西北部森林计划涵盖的面积则高达900多万 hm²，而
近自然森林经营则更多地适用于对林分水平的具体经营管理。前两者强调在大尺

度框架下，多规模、多时空的协调管理，后者主要强调在林分经营水平上的具体技术细节。②经营管理的权属。模式森林计划经营的森林权属以私有林为主，如位于加拿大新不伦瑞克东南部的芬迪湾模式森林示范区，面积为 42 万 hm²，其中 63% 为私有林。而西北部森林计划经营的森林权属以国有林为主，计划中包括的 19 个国有林区面积达 790 万 hm²。近自然森林经营在任何权属的林地上都可以灵活应用。③经营管理的组织。西北部森林计划成立了一个跨机构的协调组，协调组成员来自内务部、农业部、环境保护局、白宫环境政策办公室等。模式森林计划则由伙伴关系委员会委托模式森林组织进行统一的经营与管理。因此，两者的经营管理组织构成复杂，能够反映多方资源托管人的利益，而近自然森林经营由于管理的空间尺度相对较小，一般根据产权所有人的意愿组织管理团队，主要体现产权人的利益。除以上差异，有很多相似之处值得我们参考借鉴。

6.6.4.1　强调生态系统管理的思想和理念

在 3 种管理模式中，都充分体现了生态系统管理的思想和理念，重视生态学原理在实践中的应用。西北部森林计划是从实施前大量采伐天然林，到单一强调保护猫头鹰，再到强调保护整个森林生态系统；森林经营目标从单纯追求木材产出转变为对整个森林生态系统和生物多样性的重视。模式森林计划很重视等级结构，经营者在任一生态水平上处理问题，必须从森林生态系统等级序列中寻找联系及解决办法；保持森林生态系统完整性，维持森林生态系统的格局和过程，保护生物多样性。而近自然森林经营则强调要遵照生态学的原理来恢复和管理森林，要尽可能少地干扰森林生态系统，要掌握立地原生植被分布和天然演替规律，避免破坏性的集材、整地和土地改良等作业方式，以保护和维持林地生产力；要求林分结构要由单层同龄纯林转变为复层异龄针阔混交林，通过水平和垂直结构的调整达到最适宜的生物多样性。

目前，我国天然林保护工程中，基本排斥了间伐等重要的经营手段，把森林经营简单地理解为"封"林，在禁伐区"一刀切"地实施禁伐，缺乏对整个森林生态系统的研究和管理。我国的人工林则以纯林经营为主，强调速生丰产，很少考虑生物多样性保护的需求。因此，在对我国大尺度的国有林区经营管理中，要强调以生态系统管理的思想为指导，要采用抚育、间伐和天然更新等手段来恢复被高强度利用的森林；人工林则要以营造针阔混交林，进行复层异龄经营来保护生物多样性，要提高生态学原理在实践中的应用程度，注重森林生态系统的整体健康。

6.6.4.2　重视跨部门合作及相关利益团体参与

西北部森林计划的起草小组由来自美国林务局、土地管理局和大学等不同部门的 100 多位专家组成，专业背景涉及生态学、生物学、经济学、社会学、林学等各个研究领域，实现了不同部门、不同学科间的相互交流与合作，能够兼顾各方利益，提高政策实施的效率。模式森林计划的决策团体包括了来自土地所有者、各级政府、社区共同体、旅游业、环境组织、科研机构、教育机构、森林工业组织等相关利益团体的代表，通过建立伙伴关系委员会，由委员会确立森林经营的目标，制定经营计划。近自然经营也强调要与当地群众协商，兼顾他们的需求，寻求共同接受的方案。可见，这些管理模式在经营管理过程中，非常重视跨部门跨学科的交流合作以及相关利益团体的共同参与。

我国天然林资源保护工程、退耕还林工程等重点生态建设工程，规划范围、投资规模和规划时间等都远远超过美国西北部森林计划，在整个实施过程中涉及许多级别的政府单位。因此，如果建立一个部门间协调统一的机制（工作小组）将会大大提高这类工程实施的效率。目前，在我国南方集体林区林权制度改革过程中，各级政府都成立了跨部门的集体林权改革领导小组等机构，加强了部门间协调与合作。同时，由于鼓励林农参与改革，在改革中能够很好地协调和平衡各方利益，因而调动了全社会参与林业生产的积极性和主动性。

6.6.4.3 制定风险评价、长期监测和反馈机制

由于人们知识的不完善及人类与森林生态系统相互作用的复杂性，在面对不确定性的环境中进行森林资源管理，必须以风险评价和长期监测为调控手段，通过循环监测、改进知识基础、完善经营计划。西北部森林计划在实施之前，成立了森林生态系统管理评估小组，对项目的实施与管理进行了生态、经济和社会风险综合评价，并在实施过程中进行有效和连续的监测监督，收集了大量的生态、经济和社会等方面的相关数据，为森林经营的决策和政策的改进提供了基础。近自然森林经营在实施经营前也强调对林地进行详细的调查、分析、论证和风险评价，尽可能分析评估各种经营措施的生态和经济后果，充分考虑影响林分生长和经营的所有内、外在因素，为决策提供翔实的数据和信息，以便进行科学决策，确定合理的经营目标。

目前，我国对重点生态建设工程开展了一些监测和评估工作，但还没有得到足够的重视。当前，我国南方集体林区林权制度改革正在全面实施，林权改革必然带来森林经营管理模式的变革，可以说这是一项涉及亿万林农的"工程"。因此，有必要建立专门的监测和评价体系，对林改后各地森林经营与林业建设进行阶段性的生态、经济和社会风险综合评价，以便适时调整改革的政策和措施。

6.6.4.4 开展适应性管理、探索新的管理模式

西北部森林计划为了探索新的林业生产和管理模式，设立了10个适应性经营区。在适应性经营区内，研究人员可以进行森林培育、物种栖息地保护等各种实验；鼓励试验性的营林技术、较长的循环周期和创新性的采伐技术，探索新的

木材采伐方法等。模式森林计划设立森林示范区的一项基本的任务是进行科学研究，探讨各种森林类型的可持续经营问题。通过鼓励当地社区居民的参与，共同制定由各种经营活动最佳组合而形成的经营方案，并能随着外部条件地变化，适时调整和完善经营方案。

　　从2003年开始，为了解决森林资源保护和林区经济社会可持续发展之间的矛盾，探索森林可持续经营管理的新模式，国家林业局先后建立了多个森林可持续经营管理试验示范点。由于我国地域辽阔，各地区的社会、经济和文化差异很大，因此，需要在不同的实施地增加更多适应性经营管理区，探索多种多样适合当地社会、经济和文化发展背景的管理模式，实现森林资源保护与经济社会协调发展。在南方集体林区生态公益林的经营管理过程中，由于当前有限的森林生态效益补偿资金，还远不足以弥补林农受到的损失，引发了一些社会矛盾。因此，不能单纯强调完全的保护和封禁，要在维护生态系统整体功能的前提下，开展一些适度经营模式的试验和研究，以实现生态保护与社会和谐双赢的目标。

第7章

林权制度改革后林地经营规模与环境
需求协调发展的政策设计

集体林权制度改革后，推动林权流转、实现林地规模经营成为开展林业工作的首要任务。合理确定林地经营规模，需要结合实际环境的需求，建立完善的林业物权制度，进而有效地进行林业产权流转，更好的实施规模化经营的生产经营理念。

7.1 林权制度改革后林业物权制度的完善

7.1.1 林业物权制度下的林地使用权

物权是指权利人依法对特定的物享有直接支配和排他的权利，包括所有权、用益物权和担保物权；用益物权又包括土地承包经营权等四类。物权的客体包括不动产和动产，还包括法律规定可以作为物权客体的一些权利。物权设定的目的在于明晰物的权属，发挥物的效用（梁慧星，1998）。随着我国《物权法》的颁布实施，人们通常所说的"林权"也就被进一步合理限定为林业物权，它必须纳入到《物权法》的框架中来。

根据《中华人民共和国森林法》第3条规定，一般认为林业物权主要是指权利人对森林、林木和林地的所有权和使用权。具体来说，林业物权的权利客体包括了森林、林木、林地、林地上生长之林木、林上、林中、林下其他自然资源以及整体森林环境等。林业物权作为物权的一种，其权利构成也随着物权的演进而不断变化、完善。《物权法》中相关条例规定了不同主体所有权的行使，林地根据所有权性质的不同划分为国家所有和集体所有（周伯煌，2001），可以通过多种形式实现，包括：自主经营、承包经营、股份制经营及其他经营方式，其特征为在保持公有制的基础上实现所有权和使用权相分离。林地所有权人和使用权人不一致的情况下，林地所有权人保留了林地的最终处置权和流转利益，而林地使用权人的权利客体一般包括了林上、林中、林下的自然资源，同时培育林木并对其拥有所有权和流转利益。因此，在讨论林权的含义时必须区分所有权人和使用权人所拥有的不同权能以及两者之间权能的此消彼长状况。

我国关于林业物权的法律规定大致可分成两部分，一部分直接以林木和林地作为定义对象，如《物权法》和《森林法》中对森林的所有权属规定；另一部分将林地归类为特殊性质的土地，视同土地加以管理，如《中华人民共和国土地管理法》和《中华人民共和国土地承包法》中对林地承包经营权及其他权益的规定。综合各时期的法律法规，完整的林业物权应当包括如下具体权能：①依法享有的采伐权以及由此引申出来的运输权、交易权；②林上、林中、林下资源的采集利用权；③征、占林地补偿权；④流转权、担保权；⑤景观开发利用权；⑥林木新品种权以及政府给予林业特殊扶持的相关行政优惠权利（周伯煌，2005）。在林地所有权人和使用权人相分离时，各项权能由两个主体分割行使，并以合同对双方权利义务加以制衡。此外，所有权和使用权的行使都由国家法律法规和政策加以约束。

林地所有权的公有制性质，决定了共同所有的主体不能成为具体的经营者。其具体权能的行使必须以一定的方式流转至个体，流转方式的不同决定了双方权利义务的分配原则。对于自主经营的国营林场，是国家全民所有制企业，其经营范围内的各类土地是国有财产，土地面积以国有林权证所记载的为准，要严格按照上级批准的经营方案合理使用，不能长期改变林地的用途；对于集体所有的宜林"荒山"的使用权，可以进行拍卖、出租、转让、折股联营；对于集体林地的承包经营，允许因地制宜，可以包到组、包到户、包到劳力；对于自留山、房前屋后和其他指定地点种植的树木永久属个人所有，并且允许继承。上述各类经营方式下的所有林地经营者都必须服从国家对林地的总体规划，严格执行森林采伐限额和凭证运输制度。

7.1.2   林权制度改革后的林地使用权

一项物权制度的设定及完善，其最终目的是为了明晰产权，保障和促进权利人的利益。我国的林业产权制度改革自 20 世纪 50 年代开始至今，经历了由私有到公有再到公私混合的漫长过程。反思林业产权制度的历史沿革和变迁，可以发现这些产权制度的变革集中在林地使用权的流转，而林地使用权流转的最终目的在于林木的所有权，林木的所有权才是真正的收益来源。由于林木本身有作为商品的使用价值和交换价值，而存活的成片林木作为森林对整个外部生态环境有着重要的价值。因此，林木资源的自身价值和外部价值之间的存在一定的利益矛盾，使得林木所有权的权属不清，权利范围模糊使得林业资源不能得到有效配置。个体对木材交换价值的追求和人类群体对良好生态环境的需求之间一直存在着现实的冲突，这也是由林木内部的商品属性和公共产品属性的矛盾所决定的。

我国的林业产权制度改革和土地制度的改革基本保持一致，经历了土改时期的分林到户、农业合作化时期的山林入社、人民公社时期的山林集体所有统一经营、林业"三定"政策后的集体林地也实行承包责任制、再到林业产权"分股不分山、分地不分林"的股份制改革。但这些改革后的林权制度仍然存在着产权不清、利益无着的情况，导致有些地方资源出现了严重的毁林开荒、滥砍滥伐，森林资源惨遭破坏。由于林业"三定"政策的不彻底性，全国林业工作又陷入了混乱，同时也产生了之后集体林权制度改革的动力和机遇。1995 年 11 月，原国家林业部和国家国有资产管理局联合发布了《关于森林资源资产产权变动有关问题的规范意见（试行）》，第一次对林业资产的产权和产权变动做了定义，同时对林地使用权出让、转让和出租等流转方式做出规定。这对林业资源的产权明晰和建立林地林木流转制度以及配套的审批、利益补偿制度等提供了法律和政策上的依据。2003 年 6 月《中共中央国务院关于加快林业发展的决定》的颁布，要求深化林业体制改革，进一步完善林业产权制度，同时提出我国的林业正经历着由木材生产为主向生态建设为主的历史性转变，公益林以政府投资为主，吸引社会力量共同建设；商品林则按照基础产业进行管理，主要由市场配置资源，政府给予必要生态效益补偿基金扶持（陈天汉，2001）。从此，集体林权制度改革跨入了以建立家庭承包经营为主的产权制度改革新阶段，把林地的使用权、林木的所有权、经营权、处置权和收益权交给农民，实现"山有其主，主有其权，权有其责，责有其利"。同时，在《物权法》中也规定了国家和集体森林的物权属性，将林地的承包经营权设定为用益物权。集体林地的承包经营权以法律的形式固定下来，为商品林顺利进入流通领域，发挥资源的基础配置作用提供了法律依据。

7.2　林权制度改革后林地经营规模的研究

林业是一种规模化经营的产业。集体林权制度改革中实行"明晰产权、分林到户"等政策，在短时间内可以获得正向的政策效应，但这种经营方式无法解决面积分散、生产成本加大、抵御灾害能力降低等问题。要取得林业经营规模效益，最终还是要走上林业集约化、规模化经营道路。推进林地流转，是实现林地规模经营的重要途径。因此，在集体林权制度改革以后，我国政府在林业政策的设计上应当立足于推动林地规模经营，获得规模效益，这是我国林业由小农林业经济走向现代林业经济发展的必由之路。

关于林地经营规模研究方面，国外发达国家的小农林业发展历史悠久，小规模的经营管理模式也已积累了丰富的经验，相关的政策、法律制度也比较健全，我国在林地经营规模方面可以借鉴相关经验。德国的私有林主要以农林混合经营为特点，村镇与森林比较接近。为了防止林权过于分散，德国的《森林法》对组织林业合作社做了具体规定，期望以此扩大森林经营规模，从而增强林农家庭企业的竞争力（褚利明，刘璨，2010）。瑞典的森林主要以私有制为主，并且私有林的所有权非常分散，小规模经营在生产上存在许多问题，例如很难实现林区排水沟渠和道路的合理规划，以及很难提高大型林业机械的使用效率等。为了解决这些问题，一些私有林主逐渐自发发展了合作经营。Bromly 从产权角度入手，认为私有林的效率较高，但由于林业投资周期长、风险大，可能会造成私人投资效率低下（Bromly，1995）。

国内有关经营规模的研究多集中在农业土地经营规模方面，同时也对林地经营规模进行了有关的讨论。罗必良归纳了影响经济组织规模效率的主要因素，并以此为基础对农地经营规模进行理论和实证分析，结果显示本质上农业产业并不具有显著的规模效率，从而证明了农地家庭经营模式的有效性（罗必良，2000）。林善浪研究了农户土地规模经营的意愿、行为特征，并指出为了提高农业经营利益，部分村子已经趋向发展土地规模经营（林善浪，2005）。孔凡斌认为由于林地经营固有的特点决定了其不能够简单地照搬农地家庭经营模式，林业分散经营可能并不是解决林农增收的最佳路径（孔凡斌，2008）。然而，也有学者持不同意见，如高立英结合经济背景分析了林地分散经营的必要性，认为从现阶段我国经济的发展水平来看，林地分散经营具有合理性，而规模经营的观点值得商榷（高立英，2007）。

有关适度经营规模方面的研究，张海亮、吴楚材给出了农户耕地适度经营规模需要满足的关系式：$E/(P-I) \leqslant S \leqslant A/L_0(1-L)$，其中，$E$ 为当地农户户均年收入；P 和 I 分别代表单位面积耕地的产出和投入；S 代表耕地适度经营规模；A 为当地耕地总面积；L 代表农业劳动力向非农产业转移的比率；L_0 为当地具有熟练生产技术的劳动力数量（张海亮，吴楚材，1998）。郑煜、孔香敏将线性规划法和投入产出法相结合，构建了针对林业企业的综合模型，应用此模型对林业企业生产经营规模进行优化设计，并提出了解决林业企业限量采伐和经济发展之间矛盾的途径和方法（郑煜，孔香敏，2000）。

此外，林权价格作为林地经营规模交易市场中供求关系、竞争关系等的调节器，是实现林权资源充分利用和林业生产要素有效配置的关键因素。林权改革后要实现林地的规模经营及高效配置，至少存在一个现实中或理论上的价格均衡点，使得林地流出方和林地流入方都能接受。这就要求应在现行的法律、法规和政策规定下，形成一个公平、合理的林地流转价格，以促进林地的正常流转，保障各方权利主体的利益。

林地价格特点主要体现在以下几个方面：一是林地价格决定主要在于需求方面的竞争。这是因为林地的供给是由大自然决定的，林地本身的供给弹性不足，同时地理位置相对固定，使林地的需求与供给一般仅限于局部地区，即林地不能实行完全竞争，所以其价格的独占性较强。二是林地价格受多方面的因素影响，例如：林地制度、地形地貌、气候水文、交通条件、经营方式、基础设施、集约程度、林产品的市场价格等。在确定某一块林地价格时，要考虑多方面的因素，并且各因素的作用也因势而异。三是林地价格标准难以统一，这是由于它没有生产成本可参考，每一个地块的林地质量也千差万别，并且用途不一样，价格也就不一样，所以难以实行统一的标准化。四是林地价格具有正向外部性，林地上的林木资源不仅可以体现出经济效益，更可以体现为生态效益和社会效益，具有涵养水源、保持水土、净化空气等功能，而且生态效益、社会效益远远大于经济效益。但在现实林地流转中，这部分生态效益和社会效益往往是被忽略的。五是不同林地流转方式决定不同的林地价，林地流转主要有林地所有权和林地使用权的流转，但由于林地所有权只限于国家和集体所有，因此只存在林地使用权的流转在各种主体间进行，所采取的流转方式主要有转让、租赁、承包等，这些不同的林地流转方式，就表现为不同的林地价格。

7.3 林地规模与环境需求的协调发展

森林具有显著的生态效益和社会效益，能够有效维护地区生态环境平衡和促进社会发展。因此，在林权制度改革后，应考虑林地经营规模与环境需求的协调发展，以达到经济效益、生态效益和社会效益的共赢。林地经营规模的确定，要将森林的经济效益、生态效益和社会效益同时考虑在内。其中，经济效益主要包括木材产品、能源、食物、化工原料、医药资源、科研材料或基地以及旅游资源等；生态效益主要包括涵养水源、保持水土、调节气候、减轻温室效应危害、防风固沙以及保护野生动物等方面；社会效益主要体现在提供就业、科研、文化价值、维持社会稳定和对人的健康价值等方面。

7.4 经营规模与环境需求协调发展的相关政策设计

7.4.1 实行"双向补贴"政策，刺激林地流转的供给与需求

可以采取的主要政策措施有：进一步出台林业补贴政策，在林业扶持发展上实行类似于粮食补贴的政策，并且有所创新和突破，实行林地转出方和转入方

"双向补贴"、双方受益的激励政策。从我国林业政策发展趋势来看,向林业经营者进行扶持和补贴的态势越来越明显,向土地转出方进行补贴则没有明确实行,在这一方面可以借鉴国外一些发达国家的经验。如英国政府为扩大农场经营规模,促进土地流转,对愿意放弃经营的小农场主发给2000英镑以下的补助金,或者每年发给不超过275英镑的终身年金。法国政府采取对年老农民发放终生养老金的办法,促使他们离开农业,让出来的土地主要用于扩大农场规模(刘璨,于法稳,2007)。向林地转出方和转入方进行双向补贴,尽可能地履行公平、合理和有效的原则,使流转的双方都可以获得彼此满意的利益,又激发双方的流转意愿,从而可以大大有效地激活林权流转的供给与需求,推动森林资源优化配置。

7.4.2　完善林地流转相关配套政策,大力培植林业经营主体

可以采取的主要政策措施有:在保持现有林业优惠政策不变和持续出台新的扶持政策的基础上,进一步推动林业劳动力转移,推动农村城镇化进程,使不从事林业经营的农民在城镇居住,并且能找到岗位并充分就业,这样就可以保证"离山离农"的农民基本生活有稳定收入来源,同时充分地享受到农村城镇化带来的各种便利和生活质量的提高。完善林业社会化服务体系,对林权流转信息、林权抵押贷款、林权保险、林业技术推广、林产品价格波动调控等方面提供高质量的综合配套服务,确保林业经营者能融通资金,获得必要的技术指导,从而化解经营风险,获得稳定的规模收益。同时,着力培养一大批有资金、懂技术、善经营、会管理的林业经营专业大户或技术能手,广泛吸引城市工商资本和民间资本投资林业,鼓励各种社会主体跨所有制、跨行业、跨地区投资发展林业,确保经营者获得预期收益。

7.4.3　深化集体林权制度改革,健全林业物权制度

7.4.3.1　落实林业产权经营权,确保林地顺利流转

要依法严格保护林权所有者的财产权,维护其合法权益,将所有没有明确经营主体的山场和森林都落实到家庭和单位。在此过程中保持承包关系稳定,可采用合同的形式进行确认,承包中各环节都要严格依法进行,签订书面承包合同。原国有、集体林都可以采取承包、拍卖、租赁、转让等多种方式将林权分散到愿意经营林业的人手中,但必须明确他们拿到的是森林的采伐利用、采集利用、景观开发利用并获取收益的权利。获得这些权利后,采取委托经营,反向承包经营,合作经营方式将经营活动集中进行。

在明晰权属的基础上,鼓励森林、林木和林地使用权的合理流转,重点推动

国家和集体所有的宜林荒山荒地使用权的流转。森林、林木和林地使用权可以依法继承、抵押、担保、入股和作为合资、合作造林、经营林木的出资或合作条件，但不得将林地改为非林地。各级人民政府和林业主管部门要积极培育活立木市场，发展森林资源资产评估机构，做好流转服务工作，及时办理权属变更登记手续，保护当事人的合法权益。并依据相关规定，制定一系列林地使用权流转可操作的办法，对森林、林木、林地使用权抵押、担保办法以及森林资产评估的方案等。

7.4.3.2 开展森林景观价值和权属研究，落实森林景观开发利用权

森林景观是森林资源的重要部分，是林业生产经营者长期投入和劳动的成果之一。森林景观的开发利用权应属于林权的一个组成部分。林权权利人可以自己开发利用，也可以和他人合作开发利用，并获取收益。但目前这种权利并没有得到政府和社会承认。为了使森林景观的开发利用走上规范，应在调查研究基础上对景观的形成和价值进行研究，并在此基础上制定出森林开发利用办法，确保这一林业物权的落实。

7.4.4 促进林业与环境需求协调发展，健全生态补偿机制

林业生态补偿是生态环境补偿机制的有机组成部分。林业生态效益外部性是整体性和全局性的，其受益群体很难按照行政区划来划分，而且按照地域界限来确定补偿主体和受偿主体目前还没有可以衡量的准则。因此，目前生态公益林的补偿资金来源还主要是地方财政，主要补偿对象是林地补偿和劳务补偿，目前的补偿机制仅限于公益林，商品林则采用市场化经营模式。但是值得注意的是，商品林实际上也承担了部分生态保障功能。政府通过采伐许可和采伐限额等行政行为限制了林木所有人行使所有权，保障社会生态效益。因此，在逐步扩展林业物权权能的过程中，对所有林木所有人的经济补偿都是十分必要的，将被限制采伐的林木所有权人设定为补偿对象，能够对商品林的更新和生态保证产生刺激性和鼓励性的双重效果。

第 **8** 章

结论及展望

随着我国集体林权制度改革在国内的全面推进，改革的成果也初步显现，以集体林权制度改革为背景研究农户行为的影响也成为学者们关注的焦点。本研究主要是从林权制度改革对环境的影响着手，采用了调查分析和统计分析的方法对农民林权制度改革的森林经营优化进行研究，并从农户的主观意愿出发，在了解农户意愿的基础上，结合对农户林地经营规模的分析，为相关部门政策制定提供参考依据。

我国集体林权制度改革的重点是通过明晰产权，使林农成为微观市场的经营主体。在此基础上激活山林经营权，落实林业经营者对林木的处置权，确保林地经营者的收益权。具体做法是：将集体林地均分到户（联户），实现"均山、均权、均利"和"耕者有其山"，颁发合法的林权证。

林权制度改革后明晰了产权，积极推进金融体制创新，建设了林权交易市场，但从制度经济学角度来看，我国现行的林权制度难以适应市场经济发展的要求，使林业生产内交易成本过高，阻碍了林业经济资源的优化组合，不利于林农收入的提高，并部分造成目前集体林区林业生产不稳定，并使大量林区青壮劳力外出打工，林农缺乏经营林地的信心，林区一旦发生林火等灾害时留下的劳力往往无力进行扑救等。因此，这些问题，我们也在一定程度上进行了研究。其主要结论和未来的展望主要有 4 个方面。

8.1 林权制度改革对生态环境产生一定的影响

林权是指森林、林木、林地的所有权和使用权，是森林资源财产权在法律上的具体体现。它是经济组织或单位对森林、林木和林地所享有的占有、使用、收益、处分的权利。林权制度改革是一项系统工程，不仅涉及经济、社会各个方面，还涉及生态环境的影响等。研究根据 2010~2013 年对浙江、福建、山东、辽宁、江西、河南和甘肃 7 省市的农户调查，采用统计分析的方法对林权制度改革的政策效应进行了评价，并对这些研究区域的林权改革情况进行了简单的总结与分析。分析表明，林权制度改革对森林生态环境有一定的影响，尤其对生物多样性、水土保持和森林水源涵养的影响最大。另外，农民（林农）对林权改革的态度、家庭年收入水平、教育程度和性别等对环境影响的评价结果也有一定的影响。研究也认为，林权制度改革涉及面广，并涉及国家生态环境安全和农民的长远利益，应该开展生态环境影响的评价和林权制度改革政策效应分析，促进当地社会、经济和环境的协调、稳定、持续发展。

8.2　林权制度改革各省份的林业投入与产出效果不同

林业生产的长周期性使得林权制度改革的效果不能很快显现出来，但根据目前的相关调查统计数据的分析可以认为：

（1）各省份林改前至 2010 年营林总面积没有太大变化或小幅度增加；多数省份中幼林抚育面积占营造林总面积的比重最大；各省份低产低效林改造面积在林改之后均有不同程度的增加，说明农户对于森林培育较为重视。

（2）林业经营投入在林改初期较多，后期会有所下降。国家营林补贴政策使农民的种苗支出降低。由于林业具有典型的劳动密集型特征，因此劳动力投入占营林总投入比重最大。

（3）林改促进了各地林业的发展，并且增加了家庭营林的自投劳动力以及当地对本地涉林打工的需求。

（4）调查分析显示，林业第二产业增速最快的为福建省，第三产业增速最快的为云南省。由于福建省 2003 年在全国率先开展了集体林权制度改革，林改开展较早，因此对林业第二产业投入的效果初步显现，发展速度较快。

（5）集体林权制度改革对于样本农户人均纯收入具有一定程度的影响，但是有多大程度的影响，仍需进行深入细致的分析。

总之，由于各省份集体林权制度改革展开的时间、林业生产环境、地理位置、社会经济状况以及市场需求的不同，林改所取得的效果也不完全相同。随着集体林权制度改革的深入开展，林业投入产出的效果也会不同的。

8.3　林权制度改革林地经营适度规模是促进农户增收的关键

林地经营适度规模是促进农户增收的关键。本研究从林地经营者的意愿出发，结合对农户林地经营规模影响因素的分析，比较全面地反映了基层农户的真实情况，研究认为：

（1）农户林地经营的适度规模需要与当地具体的自然、社会和经济条件相结合，既不能经营规模过小导致林地碎化，也不能盲目地扩大经营规模追求规模效益。

（2）家庭实际的林地经营面积对农户期望的林地经营规模影响最为突出；家庭劳动力数量、农户的职业和农户喜欢的林地经营模式等因素也对其期望的林地经营规模产生一定的影响；另外，从相关文献中总结出来的其他省市影响农户对林业投入的因素中，影响最显著的因素也为家庭林地经营面积，其次为家庭劳动力数量，从而可以说明农户林地经营规模影响因素的研究具有一定的普适性，可以推广到全国范围。

（3）通过对农户林地经营模式意愿的实证分析，发现农户的文化程度对其林地经营模式选择影响最为突出。其次，农户的职业和年龄也是重要的影响因素。另外，通过总结其他有关林地经营模式的文献，得出影响林地经营模式的因素主要有户主年龄、受教育程度、劳动力数量、林地面积等，与本研究的结果大致相同。

（4）调查区域农户选择个人家庭经营模式的较多，其次为联户承包经营。

8.4　健全林业物权制度是深化林权制度改革的基础

随着我国《物权法》的出台，为我国林业物权制度的研究提供了基本的法律依据，也为我国林权制度改革的不断深入、深化和林业物权制度的制定提供了一定的基础。通过对日本、德国和俄罗斯的相关林业物权法的研究发现：在林业所有权方面，三国均规定有地方政府所有，而我国则缺少地方政府所有这一层次。对国有林的经营管理，日本和德国均采取垂直管理。在私有林管理方面，除了限制改变林地用途之外，主要表现在林业计划（森林经营方案）的编制以及林业合作组织的管理上。俄罗斯对于私有林未作任何限制性规定。在国有林的经营中，国家实行强制干预。我国林业所有权存在的问题主要是国有林主体缺失、集体所有权虚化和私人所有权得不到尊重。在国有林方面应借鉴日本和德国的垂直管理的经验以及俄罗斯的国有林国家强制干预经营的做法。对于私人所有权应以权利人按照自己编制的经过有关部门批准的林业计划自主经营为主导，尊重私人所有权的行使。这些经验和做法，相信会随着我国林权制度改革的不断深入、深化，一定会得到不断健全和完善，也会出台相应的我国林业物权制度。

总之，我国林权制度改革在取得较大成就的同时，也存在一定的不足。首先，各地区都存在改革措施操之过急的现象，存在着纠纷的隐患；其次，林改的社会化服务体系不完善，难以实现林业的综合效益；再次，对林权改革的政策效应缺乏评估；最后，林改的配套政策跟不上，限制着改革潜能的发挥。随着林权制度改革的不断深入，其正面和负面的影响正在逐渐体现出来。林权改革在释放了林农投资生产的积极性的同时，对林业产业的发展也将产生较大的影响。此外，由于森林具有自然属性的特点，在林业产业发展过程中必将对环境产生较大的影响。加强对他们的研究是我国实现可持续性发展过程中应该考虑的问题。从经济发展的角度来看，产业的发展往往伴随着对环境的不利影响。但是与其他产业不同，林业的健康发展可以给环境带来巨大的生态效益，对生态环境的改善有明显的正面效应。因此，开展好林权制度改革后续的配套政策措施的研究，保障相关政策的顺利实施，也是我们迫切需要研究的问题。

附表：

附表 1　林权制度改革各省份林地确权率、发证率等统计

省份	林地确权率（%）	家庭承包率（%）	发证率（%）	纠纷调处率（%）
浙江	100	74.2	100	79
江苏	100	95	82	95
湖南	99.4	76.4	98.8	91.3
湖北	99.6	75.1	98.8	94.1
辽宁	99.6	58.6	97	99
西藏	100	4.8	92	100
重庆	98.2	82.3	82.3	95
贵州	96.5	60	98.45	74.8
四川	99.1	\	96.7	96
甘肃	99.53	94.96	97.86	97.22
青海	36.91	59.45	67.14	66.69
宁夏	39.36	96.85	100	100
安徽	86	66	84	94
河南	95	65	82	96
陕西	100	86	90	98
北京	94.1	6.72	5.64	93.08
天津	97.26	\	39.58	\
山东	100	51.54	71.41	94.02
福建	98.13	54.18	78.65	76.27
江西	99.69	82.49	97.36	98.4
广东	96.91	32.52	93.92	85.97
海南	99.9	88.2	100	95.1
广西	97	85.3	90.3	82.2
云南	98.9	\	96.3	98.77
河北	99.5	97.1	81.7	\
山西	83.9	75	5.118742	76.3
全国平均	92.87	68.16	81.81	90.68

附表 2　林权制度改革林业服务体系发展情况统计

省份	交易、管理、服务中心(个)	林权流转数(宗)	林权抵押贷款额(亿元)	林权交易额(亿元)	森林保险(亿元)
浙江	324				
辽宁	40	5450	2.8		
江西				3	428
湖南	203	161000	13.3	26.4	176
湖北			14.38	32.91	27.49
贵州	9	7347	2.4	0.74	
四川		3453000	17.12		
河北	53		3.7	4.2	

附表 3　林权制度改革林业合作社发展情况统计

省份	数量(个)	社员数量(万人)	经营总面积(万 hm²)
浙江	1718	15	
辽宁	3193	1.16	16.27
江西	14012	210.8	450
福建	2433		
湖南	9682		
湖北	1051	28.75	
四川	1929	297	30.97
河北	2295	74	
江苏	3432		9.47

附表 4　林权制度改革林下产业发展情况统计

省份	实现效益(亿元)	经营面积(万 hm²)
湖北	420	73.33
贵州	3.6	0.9333
四川	161	
江苏	200	33.33
上海	13.5	2.52

参考文献

[1]毕秀水. 有效经济增长研究：资源与环境约束下的现代经济增长分析[M]. 北京：中国财政经济出版社，2005.

[2]陈天汉. 论林业经营体制改革问题[J]. 林业经济，2001，21(1)：50~54.

[3]陈永富，姬亚岚. 对南方集体林区非公有制林业发展的思考[J]. 林业经济，2003，(5)：4~8.

[4]程云行. 南方集体林区林地产权制度研究[D]. 北京林业大学博士论文，2004：4~10.

[5]道格拉斯·诺斯. 经济史中的结构与变迁[M]. 上海：上海人民出版社、上海三联书店，1994.

[6][德]克劳斯·巴克豪斯，本德·埃里克森，伍尔夫·普林克. 多元统计分析方法——用SPSS工具[M]. 上海：格致出版社、上海人民出版社，2009.

[7]段绍光，孙钱钱，刘国顺. 农户参与集体林权制度改革的影响因素实证分析[J]. 山东农业科学，2010(3)：111~115.

[8]福建省林业厅. 集体林权制度改革的先声[EB/OL]. http：//www. fjforestry. gov. cn/InfoShow. aspx？InfoID = 36484&InfoTypeID = 5，2011 - 7 - 11.

[9]高鸿业. 科斯定理与我国所有制改革[J]. 经济研究，1993，(2)：8.

[10]国家林业局. 浙江省林业厅出台《提升发展农民林业专业合作社的指导意见》[EB/OL]. http：//www. forestry. gov. cn/portal/main/s/102/content - 435963. html，2010. 08. 17.

[11]黄新华. 从现代产权理论看国有企业产权制度改革[J]. 鹭江职业大学学报，2003(02).

[12]"集体林权制度改革监测"项目组. 2010 集体林权制度改革监测报告[M]. 北京：中国林业出版社，2011：4~6.

[13]"集体林权制度改革监测"项目组. 2011 集体林权制度改革监测报告[M]. 北京：中国林业出版社，2012：2~3.

[14]"集体林权制度改革监测"项目组. 2012 集体林权制度改革监测报告[M]. 北京：中国林业出版社，2013. 6~7，43~44，77~79.

[15]金林. Logistic 回归模型的应用——大学生就业状况因素分析[J]. 时代经贸中旬刊，2007(04Z)：18~19.

[16]亢新刚，黄庆丰. 五道河林场次生用材林经营类型划分与主要经营措施的制定[J]. 北京林业大学学报，2001，23(3)：43~46.

[17]孔凡斌，杜丽. 新时期集体林权制度改革政策进程与综合绩效评价——基于福建、江西、浙江和辽宁四省的改革实践[J]. 农业技术经济，2009(6)：96~104.

[18]孔祥智，郭艳芹，李圣军. 集体林权制度改革对村级经济影响的实证研究——福建省永安市 15 村调查报告[J]. 林业经济，2006，(10).

[19]雷加富．集体林权制度改革是建设社会主义新农村的重要举措[J]．东北林业大学学报，
    2006(3)：2～5．

[20]李娅，姜春前，严成，等．江西省集体林区林权制度改革效果及农户意愿分析——以江
    西省永丰村、上芫村、龙归村为例[J]．中国农村经济，2007，(12)．

[21]梁慧星．中国物权法研究[M]．北京：法律出版社，1998.824.

[22]廖祖君．林权私有化程度与经济效率决定——基于四川宝兴县的案例分析[J]．农业经济
    问题，2007，(07)．

[23]林登峰，孙晓妮，段传华．临沂市集体林区制度改革调研报告[J]．山东林业科技，2010
    (1)：46～48．

[24]林群，张守攻，江泽平．国外森林生态系统管理模式的经验与启示[J]．世界林业研究，
    2008.10(5)：1～6．

[25]林震岩．多变量分析——SPSS 的操作应用[M]．北京：北京大学出版社，2007：555．

[26]刘璨，吕金芝，王礼权，等．集体林产权制度分析——安排、变迁与绩效[J]．林业经
    济，2006，(11)．

[27]刘璨，于法稳．中国南方集体林区制度安排的技术效率与减缓贫困——以沐川、金寨和
    遂川 3 县为例[J]．中国农村观察，2007，(03)．

[28]刘于鹤，林进．提升森林经营水平是现代林业建设的核心[R]．中国绿色时
    报，2012.01.17.

[29]卢纹岱. SPSS for Windows 统计分析：第 2 版[M]．北京：电子工业出版社，2004：152～
    159

[30]罗应婷，杨钰娟. SPSS 统计分析[M]．北京：电子工业出版社，2011.

[31]马梅芸，苏时鹏，孙小霞，等．集体林权制度改革后闽浙赣林业产业结构动态比较分析
    [J]．中国林业经济，2011(6)：2～3．

[32]冉陆荣，吕杰．基于偏离—份额分析的集体林权制度改革前后辽宁林业产业发展分析
    [J]．林业经济问题，2010(5)：425～443．

[33]人民网．回顾集体林权制度改革：27 亿亩集体林地有了新主人[EB/OL]．http：//
    finance. people. com. cn/n/2012/1023/c1004 - 19357587. html，2012 年 7 月 3 日．

[34]瑞典森林工业联合会网站．瑞典森林资源[EB/OL]．http：//www. forestindustries. se/docu-
    mentation/statistics_ ppt_ files/swedish - forests_ 2/ownership_ of_ forest_ land，2011.

[35]三明市林业局．特色资源[EB/OL]．http：//www. smlyj. gov. cn/Article_ Show. asp? Arti-
    cleID = 41，2005 - 12 - 6．

[36]三明试验区办公室．集体林区改革试验 20 年[M]．北京：中国林业出版社，2008：
    32～43．

[37]水延凯，等．社会调查教程[M]．北京：中国人民大学出版社，2003：77～84．

[38]孙学江．集体林权制度改革效果评价及深化研究——以江西遂川为例[D]．南京：南京
    林业大学，2010：8～9．

[39]孙妍，徐晋涛，李凌．林权制度改革对林地经营模式影响分析——江西省林权改革调查

报告[J].林业经济,2006,(08).

[40]王宏伟,霍振彬,赵建平.对《森林资源资产评估技术规范》中若干问题的探讨[J].林业资源管理,2009,1(1):31~34.

[41]王济川,郭志刚.Logistic 回归模型——方法与应用[M].北京:高等教育出版社,2001.

[42]王良桂,董微熙,沈文星.集体林权制度改革绩效分析[J].南京林业大学学报(自然科学版).2010(5):133~136.

[43]王文烂.集体林权制度改革对农民林业收入的影响[J].林业科学,2009(8):141~146.

[44]王星.非参数统计[M].北京:清华大学出版社,2009.

[45]王占臣,张岩.公路货物运输成本效益分析[J].吉林交通科技,2007(1).

[46]温世扬."林权"的物权法解读[J].江西社会科学.2008,(4):171~176.

[47]吴岚.水土保持生态服务功能及其价值研究[D].北京林业大学博士论文,2007,41~43.

[48]肖国兴.论中国自然资源产权制度的历史变迁[J].郑州大学学报哲学社会科学版,1999,(2):63~65.

[49]谢志忠,张春霞,杨建州,洪志生.福建林业产权制度改革的配套政策分析[J].中国林业经济,2007(85):1~16.

[50]新华社.温家宝总理《政府工作报告》摘要[EB/OL].[2011-12-11].http://scitech.people.com.cn/GB/11093245.html,2010-03-08.

[51]新华社.中华人民共和国环境影响评价法[EB/OL].[2011-10-11].http://www.envir.gov.cn/info/2002/10/1029066.htm,2002-10-28.

[52]邢美华.林权制度改革视角下的林业资源利用-方式-目标-政策设计[D].华中农业大学,2009.

[53]邢美华.森林资源价值评估理论方法和实证研究综述[J].西北农林科技大学学报(社会科学版),2007,7(5):30~35.

[54]徐晋涛,孙妍,姜雪梅,等.我国集体林区林权制度改革模式和绩效分析[J].林业经济,2008(9):27~38.

[55]叶勇.Logit 模型在居民生活满意度评价中的应用[J].统计与决策,2007(7):132~133.

[56]于翠芳,武艳杰,孙殿宝.对森林资源资产评估的探讨[J].防护林科技,2004,6:57~58.

[57]张帆.江西省林业产业结构分析与优化研究[D].南京:南京林业大学,2012.10~11.

[58]张国明,朱介石.关于江西省集体林权制度改革的调查[J].林业经济,2007,(06).

[59]张健康.浙江林改"四大创新"值得总结推广[R].中国绿色时报,2012.03.07.

[60]张蕾,戴广翠,王月华,王郁.中国林纸联合面临的机遇和挑战—林纸一体化战略研究[M].北京:中国大地出版社,2006:12~13.

[61]张蕾,文彩云.集体林权制度改革对农户生计的影响——基于江西、福建、辽宁和云南4省的实证研究[J].林业科学,2008(7):73~78.

[62]张敏新,肖平,张红霄.均山:集体林权制度改革的现实选择[J].林业科学,2008,44

（8）：131～136

［63］张式楷．森林资源资产评估及其应用研究［D］．湖南大学，2004．

［64］张文彤．SPSS统计分析高级教程［M］．北京：高等教育出版社，2004．

［65］张颖，邓鸿鹄，金笙．山东临沂市集体林权改革环境影响调查研究——以小山口村、魏城村和南垛庄铺为例［J］．环境与可持续发展，2012，37（2）：22～29．

［66］张颖，金笙，等．公益林生态补偿［M］．北京：中国林业出版社，2013：26～39．

［67］张颖．林地、林木价值核算方法的选取和讨论［M］．见：侯元兆．森林环境价值核算．北京：中国科学技术出版社，2002：63～70．

［68］张颖．欧洲森林资源核算的估价方法［J］．绿色中国，2004（10）：46～48．

［69］张颖，宋维明．基于农户调查的林权改革政策对生态环境影响的评价分析［J］．北京林业大学学报，2012（3）：124～129．

［70］张颖，杨桂红，王兰会，等．基于林权制度改革对生态环境影响多维量表分析［J］．环境与可持续发展，2012（2）：11～17．

［71］浙江省林业厅．临安集体林权制度改革走出林农致富新路［EB/OL］．http：//www.zjly.gov.cn/sxjl/49191.htm，2012－08－27．

［72］郑风田，阮荣平，孔祥智．南方集体林区林权制度改革回顾与分析［J］．中国人口.资源与环境，2009，（01）．

［73］支钢伟，何彬林，曹杨生．浙江省绍兴市非公有制林业发展现状及对策［J］．浙江林学院学报，2005，22（2）：221～225．

［74］中共中央，国务院．中共中央文件 中发（2008）10号《中共中央国务院关于全面推进集体林权制度改革的意见》［EB/OL］．［2011－12－11］．http：//www.guzhen.gov.cn/DocHtml/1/2008/7/23/24828469664.html，2008－7－23．

［75］中华人民共和国统计局．中国林业统计年鉴（2010）［R］．北京：中国统计出版社，2010．

［76］周伯煌，宣裕方，徐金锋．浙江省非公有制林业发展的法律问题探讨［J］．浙江林学院学报，2005，22（1）：109～113．

［77］周伯煌，宣裕方，张慧．非公有制林业发展的制度障碍及其对策［J］．林业科学，2006，42（11）：110～113．

［78］周伯煌，赵瑾，余玉豹．林权争议的法律适用问题探讨［J］．浙江林业科技，2001，21（2）．

［79］朱冬亮．集体林权制度改革中的社会排斥机制分析［J］．厦门大学学报（哲学社会科学版），2007，181（3）：122～128．

［80］朱建平．应用多元统计分析［M］．北京：科学出版社，2006：149～169．

［81］Aldrich, J. H. /Nelson, F. D. (1984). Linear Probability, Logit, and Probit Models. Newbury Park, CA.

［82］Food and Agriculture Organization of the United Nations (FAO). 2010a. *Forest law enforcement and governance*：*progress in Asia and the Pacific*［M］. Food and Agriculture Organization of the United Nations, Regional Office for Asia and the Pacific, RAP Publication 2010/05. Bangkok,

FAO. pp. 2 ~ 11.

[83] Food and Agriculture Organization of the United Nations (FAO). 2010b. *Forest insects as food*: *humans bite back*. Proceedings of a workshop on Asia-Pacific resources and their potential for development [R]. 19 ~ 21 February 2008, Chiang Mai, Thailand. RAP Publication 2010/02. Bangkok, Thailand, FAO. pp. 37 ~ 84.

[84] McMillan, J., Whalley, J., Zhu, L. The impact of China's economic reforms on agricultural productivity growth. Journal of Political Economy, 1989, 97(8): 781 ~ 807.

[85] Zhang Yaoqi, Jussi Uusivuori, Jari Kuuluvainen. Impacts of Eco – nomic Reforms on Rural Forestry in China [J]. Forest Policy and Economics, 2000, 1, 1 (1): 27 ~ 40.